Pédagogie pratique

Maternelle

Rituels pour développer les compétences sociales et émotionnelles

Laure Reynaud

Préface de Catherine Gueguen

RETZ
editions-retz.com

« Les maitres d'école sont des jardiniers
en intelligences humaines. »

Victor Hugo

REMERCIEMENTS

À tous les jardiniers qui aiment leur métier et qui continuent de le faire avec cœur, quelle que soit la météo !

Cet ouvrage suit l'orthographe recommandée par les rectifications de 1990 et les programmes scolaires.

Voir le site
http ://www.orthographe-recommandee.info et son miniguide d'information.

ISBN : 978-2-7256-4611-4

Code éditeur : 125301 - **Dépôt légal :** janvier 2024

Sommaire

Préface

Catherine Gueguen

Pédiatre, je suis mère et grand-mère, passionnée depuis toujours par l'éducation et persuadée qu'elle peut changer profondément les êtres humains. Quand j'ai eu connaissance des recherches en neurosciences affectives et sociales qui confirmaient que l'éducation modifiait le cerveau des enfants, j'ai souhaité le faire savoir par plusieurs livres, des formations pour les professionnels de l'enfance et de nombreuses conférences.

Un très grand merci à Laure Reynaud, cofondatrice de l'association ScholaVie. Dans ce livre, elle apporte aux professionnels de la maternelle une réflexion approfondie sur la place fondamentale des compétences sociales et émotionnelles (CSE) à l'école maternelle, ainsi que des outils très pratiques pour les mettre en œuvre en détaillant et en illustrant différents rituels tout au long de la journée. Des rituels pour commencer la journée, pour se regrouper après les ateliers, pour apaiser les tensions et émotions et favoriser le retour au calme, pour bien vivre ensemble et enfin pour terminer la journée.

L'étape clé de la maternelle

L'école maternelle est une étape cruciale pour le devenir de l'enfant et peut combler beaucoup d'inégalités socioculturelles. À cet âge, le cerveau est extrêmement plastique, malléable, et l'enfant, quand il va bien, a soif d'apprendre, d'explorer, de comprendre le monde qui l'entoure. Il acquiert les compétences de base qui le préparent à parler, lire, écrire et compter. Il apprend progressivement à vivre avec les autres et à faire face à ses émotions.

Dès l'école maternelle, beaucoup de difficultés sont dues aux relations sociales. Or les enfants, à cet âge, peuvent développer leurs compétences socio-émotionnelles, apprendre à parler des émotions, les comprendre et développer des comportements d'entraide.

L'apport des neurosciences affectives et sociales

Une grande partie du cerveau est dévolue aux émotions et aux relations

Les connaissances scientifiques avancent à grands pas et nous ne pouvons plus enseigner en ignorant les recherches sur le développement du cerveau de l'enfant.

Au XXe siècle, nous apprenions que le cerveau était le siège de trois fonctions : intellectuelle, motrice et sensorielle. L'éducation se donnait alors pour mission de développer chez l'enfant ses capacités intellectuelles par l'apprentissage de la lecture, de l'écriture et de l'arithmétique, ses capacités motrices par l'activité physique et ses capacités sensorielles par la musique et le dessin.

Au XXIe siècle, les neurosciences affectives et sociales (NAS) nous disent qu'une grande partie du cerveau est dévolue aux émotions et aux relations. L'être l'humain est enfin vu dans sa globalité : oui, les émotions et les relations sont absolument capitales pour lui, ce qui doit nous conduire à les prendre en compte réellement dans l'éducation mais aussi dans nos vies d'adultes.

C'est une vraie révolution dans la compréhension du fonctionnement du cerveau et un profond changement dans la vision du développement de l'être humain qui s'amorce.

L'enfant petit a un cerveau extrêmement immature, fragile et malléable

Enseigner en maternelle peut être source de grandes joies mais s'avérer particulièrement difficile car, comme nous l'apprennent les NAS, c'est un âge où le cerveau de l'enfant est encore extrêmement immature, **ce qui ne lui permet pas de savoir faire face à ses émotions, à ses impulsions, et ce jusqu'à environ 5-6 ans.**

Plus l'enfant est jeune, plus son cerveau est fragile, immature et malléable et plus il nécessite toute notre attention. L'enfant petit subit de nombreuses tempêtes émotionnelles : ses pleurs, ses colères, ses paniques le font souffrir et demandent, de la part des adultes, beaucoup de compréhension et de patience. Quand ses besoins fondamentaux – besoin de protection, besoin d'affection, besoin d'attention, besoin de calme, de jouer, etc. – ne sont pas satisfaits, il peut taper, mordre, se rouler par terre, jeter ses jouets, car le cerveau qui régule les émotions et les impulsions n'est pas encore mature.

C'est une nouvelle vision de l'enfant que nous apportent ces chercheurs : l'enfant petit n'est ni méchant ni pervers ni capricieux, il a juste un cerveau très immature qui nécessite qu'on en prenne le plus grand soin.

Plus l'adulte apaise l'enfant lors des tempêtes émotionnelles, plus il aide son cerveau à se développer

Les recherches montrent le pouvoir extraordinaire des adultes sur la maturation du cerveau des enfants dont ils ont la charge, car **l'enfant petit n'est pas capable de s'apaiser seul** quand il est submergé par ses émotions. Elles recommandent de sentir et de comprendre ce que vit l'enfant puis, par une attitude bienveillante (présence calme et chaleureuse qui passe aussi par le regard et la voix douce), de l'apaiser pour l'aider à mettre des mots sur ce qu'il ressent.

Au contraire, si on le laisse seul, il va sécréter trop de cortisol, substance très délétère pour le développement de son cerveau. Ce n'est donc pas une perte de temps, au contraire, de s'occuper de l'enfant quand il est en proie à des tempêtes émotionnelles (colère, peur ou tristesse). Cela fait partie du rôle de l'enseignant d'aider son cerveau à se développer en prenant le temps de **répondre individuellement de façon empathique aux besoins de l'enfant.** Il faut voir l'extraordinaire attention que déploient les autres enfants quand ils observent un adulte être empathique avec un enfant. En étant témoins de la façon dont l'enseignant répond à un enfant en difficulté, les autres enfants commencent à développer progressivement leurs propres compétences émotionnelles et sociales. Ils apprennent à résoudre les conflits, sans rapport de force, sans dévaloriser l'autre.

Ces nouvelles connaissances modifient profondément notre regard sur l'enfant et nous incitent, au lieu de le punir, à avoir de l'empathie voire de la compassion pour lui. L'enfant, dès sa naissance, est ouvert aux autres affectivement, il est empathique, capable de sentir les émotions de son entourage, avide d'échange, et il montre très rapidement des capacités d'altruisme. Ce sont des atouts fondamentaux. Par contre, si on le stresse en l'humiliant, en le dévalorisant, en le punissant, ce qui est encore très souvent le cas, le cortisol va empêcher le développement de cette empathie.

Les compétences sociales et émotionnelles

L'application sur le terrain des neurosciences affectives et sociales est le développement des compétences sociales et émotionnelles.

Émotions et relations

Les émotions ont fait leur entrée à l'école, surtout à l'école maternelle et à l'école élémentaire. C'est un fait très nouveau car les émotions avaient la réputation d'être gênantes et n'avaient donc pas leur place à l'école.

Ce n'est que très récemment, en 1995, qu'Antonio Damasio, neurologue, décrit pour la première fois le circuit cérébral des émotions et montre qu'elles influencent non seulement notre vie affective mais aussi nos facultés à penser, réfléchir, agir, entreprendre, faire des choix et avoir un sens éthique et moral. Il ne nie pas du tout l'importance de l'intellect, mais affirme que les émotions sont essentielles.

Il est fondamental que les enfants soient connectés à leurs émotions : elles les aident à se connaitre, à être motivés, à savoir choisir ce qui les intéresse et à vivre en société.

Lorsque nous nous interrogeons sur ce qui nous fait du bien (« Qu'est-ce que j'aime ? Qu'est-ce qui m'intéresse, me motive ? Pourquoi ? ») ou sur ce qui nous met dans l'inconfort (« Qu'est-ce que je n'aime pas ? Qu'est-ce qui ne m'intéresse pas ? Qu'est-ce qui me fait souffrir, me fait peur ? Pourquoi ? »), nous partons de ressentis qui nous aident à mieux savoir qui nous sommes et à mieux orienter notre vie pour qu'elle soit en accord avec ce que nous souhaitons profondément.

Les émotions sont précieuses aussi dans le domaine de l'éthique et de la morale : si je n'éprouve rien vis-à-vis d'autrui, s'il m'est indifférent, je peux le maltraiter, le harceler car sa souffrance m'est égale. Je peux également avoir des pratiques illégales ou injustes sans être ni perturbé, ni choqué, ni angoissé, sans sentiment de honte ni de culpabilité. En soi, les émotions ne sont ni bonnes ni mauvaises, seulement agréables ou désagréables, et elles sont le reflet de nos besoins satisfaits ou non. Elles sont une réaction physiologique à un évènement extérieur. Ce qu'on éprouve est ensuite analysé, ou non, par la réflexion. Et il y a tout un travail à réaliser pour être conscient de toutes les émotions qui nous traversent et savoir qu'en faire.

Exprimer ses émotions désagréables fait du bien et diminue le stress, dire « je suis en colère, je suis inquiet, je suis triste » calme l'amygdale cérébrale (structure cérébrale qui active la sécrétion des molécules de stress : le cortisol, l'adrénaline). S'exprimer permet aussi aux personnes à qui l'on s'adresse d'entendre ce que l'on éprouve, de nous comprendre, de susciter l'empathie. Il faudrait donc oser parler sans culpabilité de nos émotions, qu'elles soient agréables ou désagréables, nous nous sentirions mieux et notre entourage nous comprendrait davantage.

Développer les compétences sociales et émotionnelles (CSE)

Les compétences socio-émotionnelles peuvent s'accroitre, se développer, c'est un vrai travail qui n'est jamais fini car on peut toujours progresser dans notre relation à soi et aux autres.

Il s'agit d'identifier ses propres émotions dans toutes leurs nuances, de savoir les exprimer sans culpabilité et de pouvoir y faire face sans qu'elles soient délétères pour soi et pour autrui. Ce n'est qu'une fois ce travail accompli sur nos propres émotions qu'on peut réellement écouter l'autre, le comprendre, et ainsi savoir mieux résoudre les conflits et avoir des relations satisfaisantes.

Mettre les compétences sociales et émotionnelles au cœur de l'éducation

L'idéal serait que tous les acteurs de l'éducation puissent développer leur empathie, car c'est elle qui permet au cerveau de l'enfant de bien se développer. Or l'empathie est le « travail » sur les émotions.

Le développement des CSE est extrêmement bénéfique aussi bien pour les adultes que pour les enfants. Lorsque les enseignants développent leurs CSE, ils ont un sentiment de compétence et d'accomplissement et ils ont moins de burn-out.

De nombreuses études montrent que l'acquisition de ces compétences permet à l'enfant de progresser dans tous les domaines. Il devient plus empathique, a des relations sociales plus satisfaisantes et ses comportements agressifs sont moins fréquents. Il améliore son développement personnel global mais aussi ses résultats scolaires.

Ces trois paramètres, le développement personnel de l'enfant, les relations sociales et la réussite scolaire sont intimement liés.

Des enfants qui progressent sur tous les plans même s'ils viennent de milieux très défavorisés

En 2008, Karen Bierman, psychologue à l'université de Pennsylvanie, montre que les enfants de maternelle qui reçoivent une formation pour développer ces compétences ont envie d'apprendre et réussissent beaucoup mieux en vocabulaire et dans tous les apprentissages scolaires, quand on les compare à un groupe d'enfants n'ayant pas reçu de formation. En 2017, elle confirme ces données en étudiant des enfants venant de quartiers très pauvres.

En 2015, Timothy Curby de l'université George-Mason de Virginie étudie 91 enfants de 3 à 5 ans venant de sept écoles maternelles des quartiers pauvres de la banlieue de Washington. Il observe que les enfants qui présentent des compétences socio-émotionnelles sont plus coopérants et sensibles aux émotions des autres, ils apprennent mieux ce qui est nécessaire à la pré-alphabétisation (qui prépare à la lecture, à l'écriture et au calcul). Ils ont une meilleure connaissance de l'alphabet, de l'écrit et de la conscience phonologique contrairement à ceux qui n'ont pas développé ces compétences, car beaucoup d'enfants de ces quartiers en difficulté sont anxieux et restent en retrait.

Développer les compétences sociales et émotionnelles à l'école ne veut pas dire être laxiste, laisser tout faire

Non ! Il s'agit bien de donner des repères, un cadre, mais avec bienveillance et empathie. Quand l'adulte constate qu'un enfant n'a pas un comportement adéquat, il lui dit son désaccord en lui renouvelant sa confiance : « Cela ne me convient pas, je ne suis pas d'accord quand je t'entends dire..., quand je te vois faire... Tu vas apprendre à faire autrement, je te fais confiance, en grandissant tu vas y arriver, tu peux progresser. » Mais il ne juge pas l'enfant, ne le critique pas, ne le punit pas, ne lui fait pas de reproches d'ordre moral : « Tu n'es pas gentil... Ce n'est pas bien de... Tu es paresseux, égoïste... », car ces paroles abiment le cerveau de l'enfant et peuvent entrainer de nombreux troubles du comportement : agressivité, anxiété, dépression. En entendant ces paroles, l'enfant perd confiance en lui se dévalorise et ne progresse pas.

Je rêve que notre société devienne plus humaine et prenne conscience qu'enseigner est une tâche essentielle, mais particulièrement difficile. Il est indispensable que les enseignants puissent bénéficier d'une formation initiale et continue solide pour développer leurs propres CSE afin d'être en mesure d'accompagner au mieux les enfants et leurs parents. Si les adultes ne prennent pas soin de leurs propres émotions, il ne peut y avoir de vraies compétences sociales et éducatives.

Je rêve que nos sociétés réalisent combien l'enfance est un temps précieux et fondamental pour l'ensemble de la collectivité. Des enfants élevés avec empathie deviendront des adultes sociables, confiants, entreprenants, créatifs.

Actuellement, dans de nombreux pays, des enfants et des adolescents bénéficient de l'enseignement de ces compétences socio-émotionnelles et de très nombreuses études provenant du monde entier, validées scientifiquement, prouvent leur efficacité sur le développement global de l'enfant et de l'adolescent.

Ne perdons pas notre temps et notre argent à refaire ces études. Ne privons pas nos enfants de ces compétences. Intégrons-les, formons la communauté éducative et elle en tirera de profonds bénéfices qui s'étendront à la société tout entière.

Catherine Gueguen

Présentation

Ce livre est une **invitation**. Une invitation à approfondir ses connaissances sur le développement des compétences sociales et émotionnelles (CSE) qui a toute sa place à l'école. Les CSE : de quoi parle-t-on ? Pourquoi les développer ? Pour quoi ? Comment ? Qui ? Autant de questions que vous pouvez vous poser en tant qu'enseignant. Des questions auxquelles j'essaie de répondre dans cet ouvrage, en proposant à la fois une exploration scientifique et pédagogique, théorique et pratique.

Ce livre est le fruit d'une **rencontre** entre deux mondes et disciplines : le monde académique de la recherche et de la psychologie des ressources et le monde de la pédagogie et de l'enseignement. Professeure des écoles aux États-Unis et à Paris puis professeure au lycée, j'ai toujours aimé l'école, et ce tout au long de mes dix-sept années d'enseignement. Avant de franchir le cap de la quarantaine, je souhaitais plus que tout participer au mouvement de la transition éducative et faire évoluer l'école. Un jour, ma directrice, avec qui j'avais échangé à ce sujet, m'a remis un livre. Un ouvrage de psychologie appliquée à l'éducation. Ce fut une révélation. J'ai repris le chemin des études, obtenu un diplôme de psychologie des ressources à Cambridge (Anglia Ruskin University, Royaume-Uni), fait des rencontres déterminantes avec des chercheurs et experts reconnus. ScholaVie[1] est née quelque temps plus tard avec pour mission le développement des compétences sociales et émotionnelles, pour plus de réussite, de santé et de bienêtre.

Il y a en effet **urgence** à parler sans tabou de bienêtre, d'émotions, de confiance, d'engagement, de résilience, d'empathie, de coopération, de créativité et de bienveillance. Il y a urgence dans nos écoles françaises à considérer l'apprentissage des compétences sociales et émotionnelles comme tout aussi important que celui des compétences disciplinaires, l'un servant à la réussite de l'autre. Si les choses vont dans le bon sens depuis la 1re édition de cet ouvrage, le chemin est encore long.

Cet ouvrage propose de profiter des rituels qui rythment la vie d'une classe en maternelle pour favoriser le développement des compétences sociales et émotionnelles des élèves. Son sommaire suit une journée type de cycle 1, partagée entre temps d'accueil et de transition, d'ateliers et de regroupements, et riche en rituels.

Ce livre est une **proposition**. Une proposition et non une injonction. Elle n'est évidemment pas exclusive ni exhaustive. Ce livre est un partage. Il y a plusieurs manières d'aborder et de développer les CSE. Il propose de les explorer principalement grâce aux apports récents de la recherche, notamment en psychologie, sciences de l'éducation, neurosciences affectives et sociales, etc. Il est le résultat d'une histoire, d'une expertise et d'une expérience dans les écoles, collèges et lycées depuis 2013.

Ce livre est une invitation à grandir, dans sa posture, dans ses compétences car tout chemin commence… par soi.

1. ScholaVie est une association éducative spécialisée dans le développement des compétences sociales et émotionnelles. Elle propose aux professionnels de l'éducation et de la santé des accompagnements, ressources et outils pour mettre les résultats de la recherche au service de la réussite éducative. www.scholavie.fr

Introduction

À qui s'adresse cet ouvrage ?

- À tous les enseignants[1] de maternelle et autres acteurs qui accompagnent des enfants : professeurs des écoles, Atsem, AESH, animateurs.
- À tous ceux qui souhaitent accorder, dans leurs pratiques professionnelles, autant d'importance à l'apprentissage des compétences sociales et émotionnelles qu'à celui des compétences disciplinaires.
- À tous ceux qui sont soucieux de prêter attention aux besoins et difficultés de l'enfant, à la fois élève et personne à part entière. L'élève qui suit une scolarité classique passe en moyenne 40 % de son temps d'éveil à l'école[2]. Avec la maison et la famille, l'école représente donc un véritable lieu de vie. À ce titre, elle doit favoriser le développement de ces habiletés et compétences de vie pour lui permettre de mieux apprendre et réussir, de développer son pouvoir d'agir à l'école et en dehors, aujourd'hui et demain.
- À tous ceux qui veulent aussi continuer d'apprendre et de se découvrir, mobiliser leurs compétences pour eux-mêmes, s'épanouir et faire grandir leur pratique professionnelle, dans une posture positive, bienveillante et exigeante. Si l'élève passe douze mille heures de sa vie à l'école, qu'en est-il de l'enseignant qui fait carrière dans l'Éducation nationale ? Alors, quand on parle de bienêtre dans cet ouvrage, on parle évidemment de celui des élèves mais aussi de celui des enseignants et de tous les autres acteurs éducatifs.

Qu'est-ce que les compétences sociales et émotionnelles (CSE) ?

Les compétences sociales et émotionnelles sont **transversales** à plusieurs secteurs comme la santé, l'éducation, le travail social, l'économie, etc. C'est pourquoi différents termes sont employés pour y faire référence : compétences psychosociales, compétences de vie, compétences du XXIe siècle, compétences transversales, intrapersonnelles et interpersonnelles, compétences socio-affectives ou non cognitives, compétences douces, etc.

Malgré l'absence de consensus, elles évoquent toutes les mêmes réalités et regroupent un vaste ensemble de qualités et d'habiletés que l'on peut développer.

---

1. Nous avons, pour cet ouvrage, opté pour la forme neutre « enseignant » pour plus de lisibilité, mais nous sommes bien conscients que ce sont souvent des « maitresses », et donc des enseignantes, qui exercent en école maternelle. « Enseignant » fait référence ici aux personnes qui relèvent du corps enseignant, dans sa pluralité de genres.
2. « L'École promotrice de santé », Vademecum 2020, ministère de l'Éducation nationale et de la Jeunesse.

Depuis 1993, l'Organisation mondiale de la santé (OMS) utilise le terme de *life skills* (compétences de vie). En français, dans le domaine de la **prévention et de la promotion de la santé**, il est traduit par le terme de « compétences psychosociales ». Nous retiendrons dans cet ouvrage le terme de compétences sociales et émotionnelles, souvent utilisé dans le champ éducatif.

L'OMS les définit au départ comme une compétence générale, à savoir « la **capacité** d'une personne à répondre avec efficacité aux exigences et aux épreuves de la **vie quotidienne**. C'est l'aptitude d'une personne à maintenir un **état de bienêtre mental**, en adaptant un comportement approprié et positif, à l'occasion des relations entretenues avec les autres, sa propre culture et son environnement[3]. »

L'OMS propose de subdiviser cette compétence globale en sous-compétences organisées en cinq paires de compétences :

- savoir résoudre des problèmes/savoir prendre des décisions ;
- avoir une pensée créative/avoir une pensée critique ;
- savoir communiquer efficacement/être habile dans les relations interpersonnelles ;
- avoir conscience de soi/avoir de l'empathie ;
- savoir réguler ses émotions/savoir gérer son stress.

Dans les années suivantes, l'OMS augmente le nombre de ces compétences et les regroupe en trois grandes catégories : compétences cognitives, émotionnelles et sociales.

Santé publique France (SpF) actualise le travail et la classification de l'OMS avec la publication en février 2022 d'un référentiel pour un déploiement auprès des enfants et des jeunes faisant une synthèse de l'état des connaissances scientifiques et théoriques[4], qui sera enrichi en octobre 2022[5].

Ce référentiel théorique devrait être assorti très prochainement d'un référentiel opérationnel, accompagné de fiches et d'outils pratiques pour aider les professionnels de l'éducation et de la santé notamment, à mettre en place des interventions concrètes, à la fois pour les enfants, les adolescents et les adultes.

---

3. World Health Organization (WHO). Life skills education for children and adolescents in schools. Geneva: WHO, 1997 : 49 pages.
4. https://www.santepubliquefrance.fr/docs/les-competences-psychosociales-un-referentiel-pour-un-deploiement-aupres-des-enfants-et-des-jeunes.-synthese-de-l-etat-des-connaissances-scientif
5. https://www.santepubliquefrance.fr/maladies-et-traumatismes/sante-mentale/depression-et-anxiete/documents/rapport-synthese/les-competences-psychosociales-etat-des-connaissances-scientifiques-et-theoriques

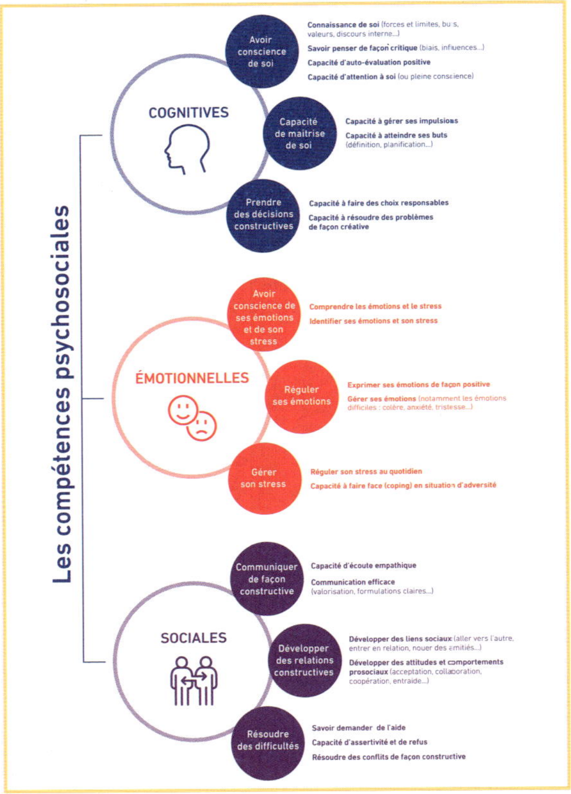

Sur la base des connaissances actuelles, SpF propose de distinguer 9 compétences générales et reliées entre elles, réparties en 3 catégories :

- **Les compétences cognitives**, qui renforcent les capacités mentales de conscience de soi, de choix et de résolution de problème ;
- **Les compétences émotionnelles**, qui favorisent une bonne régulation des émotions et du stress ;
- **Les compétences sociales** qui permettent de développer une communication et des relations constructives.

Tout récemment (septembre 2023), SpF a publié un document, « Les compétences psychosociales - L'essentiel à savoir[6] », qui résume les points et connaissances clés pour comprendre ce que sont les CPS, identifier leurs effets ainsi que les manières de les développer.

C'est un document de **plaidoyer** à mettre dans les mains de celles et ceux qui souhaitent œuvrer au quotidien pour le développement de ces compétences. Avec le référentiel, il représente le cadre de cet ouvrage ainsi que de tous les outils proposés par l'association ScholaVie (en libre téléchargement sur son site).

Les compétences psychosociales ou sociales et émotionnelles sont « considérées comme des savoir-être qui peuvent être acquis, enseignés et évalués ; elles contribueraient à un sentiment d'efficacité individuelle et collective et sembleraient prédictives d'un certain bienêtre individuel et social[7] ».

---

6. https://www.santepubliquefrance.fr/maladies-et-traumatismes/sante-mentale/depression-et-anxiete/documents/brochure/les-competences-psychosociales-l-essentiel-a-savoir
7. Minichiello F., « Compétences socio-émotionnelles : recherches et initiatives », *Revue internationale d'éducation de Sèvres*, (76), 2017, p. 12-15.

Elles ne dépendent donc pas uniquement du patrimoine génétique d'une personne. **Elles peuvent être développées et cultivées au gré des expériences vécues, notamment à l'école[8].**

Pour la pédiatre Catherine Gueguen, « être compétent émotionnellement et socialement, c'est connaitre les différentes émotions qui nous traversent, savoir les exprimer et les réguler, savoir comprendre l'autre, l'écouter, coopérer, résoudre les difficultés qui surgissent dans la relation aux autres et savoir entretenir des relations satisfaisantes[9] ».

En résumé

Les compétences sociales et émotionnelles sont toutes les aptitudes et habiletés dont on a besoin pour s'adapter aux exigences et défis du quotidien. Elles sont d'ordre cognitif, émotionnel et social. Elles peuvent être développées et renforcées par des interventions psycho-éducatives. Chacun peut apprendre à les développer et à les cultiver. Il n'est jamais trop tôt ou trop tard, le plus tôt le mieux.

Leur développement est l'affaire de tous. Il a démontré des effets positifs sur la réussite scolaire et professionnelle, la santé et le bienêtre, notamment dans le cadre de certains programmes visant à les développer[10].

Un abécédaire des compétences sociales et émotionnelles est proposé à la fin de cette introduction. Cet outil permet de se remettre en mémoire les clés de l'apprentissage des CSE.

---

8. Gendron B., « Des compétences émotionnelles au capital émotionnel : une approche théorique relative aux émotions », *Cahiers du CERFEE*, n° 23, 2007, p. 9-55.
9. Gueguen C., *Heureux d'apprendre à l'école. Comment les neurosciences affectives et sociales peuvent changer l'éducation*, Les Arènes, 2018.
10. Cipriano, C., Strambler, M. J., Naples, L. H., Ha, C., Kirk, M., Wood, M., ... & Durlak, J. (2023). The state of evidence for social and emotional learning: A contemporary meta-analysis of universal school-based SEL interventions. *Child Development*, 94(5), 1181-1204.

Comment le développement des CSE est-il intégré dans les programmes et instructions officielles?

De nombreux textes du champ éducatif et de la santé soulignent le rôle primordial de l'école maternelle dans le développement des compétences sociales et émotionnelles.

L'école maternelle occupe une place centrale dans le développement cognitif, social, émotionnel, moteur, etc., de l'enfant. Elle représente souvent le premier lieu d'apprentissage de la vie en collectivité. Avec la vie à la maison et en famille, elle est bien « le lieu d'expériences et d'apprentissages essentiels qui permettent aux enfants de "devenir grands" [...]. Les activités proposées à l'enfant ont pour but de le conduire à exercer et à développer ses capacités motrices, affectives, relationnelles et intellectuelles » (Instructions officielles, 1995). Si les CSE apparaissent timidement en 1995, elles font surtout leur entrée dans les programmes (2015), au titre notamment du vivre ensemble et de la promotion de la santé en milieu scolaire. Cette montée en puissance des CSE est confirmée depuis. Les années 2020 marquent un tournant dans l'histoire des CSE en France.

Dès la maternelle, les enseignants sont donc invités à intégrer cette dimension socio-émotionnelle dans leurs dans leurs pratiques, leurs postures et leurs gestes professionnels. Ils participent pleinement au développement de la personne en devenir qu'est l'élève.

Les CSE dans les Instructions officielles

• BO n° 2 du 26 mars 2015 pour l'école maternelle et BO du 30 juillet 2020

> « L'école maternelle est une école **bienveillante** [...]. Sa mission principale est de donner envie aux enfants d'aller à l'école pour apprendre, **affirmer et épanouir leur personnalité.** »

La bienveillance est fondamentale pour permettre à l'enfant de s'épanouir et de se construire. **Les neurosciences confirment qu'une relation empathique, aimante et soutenante est LA condition pour que le cerveau de l'enfant se développe de façon optimale et pour qu'il puisse déployer toutes ses capacités, intellectuelles, émotionnelles et sociales.** La bienveillance se traduit par une attention aux besoins de l'enfant et à ses émotions, désagréables et agréables. Le plaisir d'apprendre, par exemple, est un véritable moteur pour l'apprentissage, tout comme la joie, la fierté ou l'intérêt. Ces émotions agréables sont vraiment à prendre en compte tout au long du processus d'apprentissage : dans la préparation des activités et rituels mis en place, dans leur réalisation et dans leur évaluation. C'est parce que leurs bienfaits sont considérables et qu'elles sont souvent négligées que les rituels proposés dans cet ouvrage sont majoritairement axés dessus.

« L'école maternelle structure les apprentissages autour d'un enjeu de formation central pour les enfants : **Apprendre ensemble et vivre ensemble.** »

Vivre ensemble s'apprend et passe par le développement de compétences sociales ou interpersonnelles telles que l'empathie, l'écoute, la gratitude, le respect, etc. L'école maternelle assure une première acquisition des principes de la vie en société : le rôle de chacun, le respect des règles, le respect des membres de la communauté d'apprentissage, la participation à la vie de la classe, la responsabilité, la prise d'initiative, etc. L'accueil et la scolarisation des enfants porteurs de handicaps participent à cet enjeu pour ces enfants eux-mêmes et contribuent à développer pour tous un regard positif sur les différences.

- **Décret n° 2015-372 du 31 mars 2015 relatif au socle commun de connaissances, de compétences et de culture**

Extrait du domaine 3, intitulé « La formation de la personne et du citoyen » :

« L'École a une **responsabilité particulière dans la formation de l'élève en tant que personne et futur citoyen.** »

En maternelle, l'enfant construit progressivement une posture d'élève, comprenant, au gré des expériences et des explications des adultes, les exigences, les règles, les droits (apprendre, faire des erreurs, s'exprimer, etc.) et les devoirs de chacun (attendre son tour, respecter et ranger le matériel, etc.). En apprenant progressivement à coopérer, à persévérer, à tâtonner, à faire des choix, à prendre des initiatives, à communiquer, à participer à des projets communs, l'enfant se construit comme une personne singulière au sein du groupe classe. Peu à peu, grâce à l'aide des enseignants, il s'épanouit, développe sa personnalité, sa manière de penser et son pouvoir d'agir.

Au fil du cycle 1, **l'enseignant développe la capacité des enfants à identifier, exprimer verbalement leurs émotions et leurs sentiments**. Il est attentif à ce que tous puissent développer leur estime de soi, s'entraider et partager avec les autres. Ce domaine 3 du socle commun est en lien avec le Parcours éducatif de santé.

• Le parcours éducatif de santé (circulaire n° 2016-008 du 28 janvier 2016)

> « De la maternelle au lycée, il vise à assurer **l'éducation à la santé** fondée sur le développement des compétences psychosociales en lien avec le socle commun de connaissances, de compétences et de culture [...], la protection de la santé des élèves et la prévention des conduites à risque. »

• L'éducation à la santé

Elle se fonde sur les compétences sociales et émotionnelles dont le développement a des effets positifs sur la santé, le bienêtre et la réussite de tous. Et pour que cet apprentissage ait du sens, l'enseignant doit l'articuler avec les compétences du programme. D'après le vademecum « L'École promotrice de santé », paru en 2020[11] :

> « L'enfant acquiert progressivement des compétences psychosociales, depuis son plus jeune âge, au sein de la famille et en interaction avec son environnement social. **L'École contribue à leur développement en complémentarité et en cohérence avec les valeurs familiales.** Cependant, dans le cas où la transmission de ces compétences dans le cadre familial serait à renforcer, l'École constitue alors un espace privilégié pour permettre à l'enfant et à l'adolescent de les acquérir et de les expérimenter. [...]
> **Développer la maitrise des compétences fait partie des missions de l'École,** au même titre que la transmission des savoirs fondamentaux. »

L'école devient promotrice de santé. L'apprentissage de ces compétences sociales et émotionnelles est fondamental. Il représente une des missions premières de l'école et un moyen efficace de lutter contre les inégalités sociales.

• L'engagement de la France pour le développement des CSE : une stratégie de déploiement multisectorielle

En 2022, une stratégie nationale multisectorielle de développement des CPS de tous les enfants et jeunes de 3 à 25 ans a été lancée. Huit ministères ont décidé d'œuvrer à leur déploiement en France pour permettre à l'ensemble des enfants de développer leurs CPS dès le plus jeune âge, pendant toute leur croissance et dans tous les milieux[12]. Pour atteindre cet objectif, la stratégie nationale portée par 9 ministères aujourd'hui vise à inclure l'ensemble des adultes en contact avec des enfants et/ou des jeunes dans une **dynamique d'apprentissage quotidien des CPS.**

---

11. https://www.educasante.org/lu-et-vu/publication-2020-du-ministere-de-leducation-nationale-en-france-lecole-promotrice-de-sante-vademecum-edusante
12. Instruction interministérielle du 19 aout 2022 relative à la stratégie nationale multisectorielle de développement des compétences psychosociales chez les enfants et les jeunes – 2022-2037. https://sante.gouv.fr/fichiers/bo/2022/2022.18.sante.pdf

« **La génération 2037** doit être la première à grandir dans un **environnement continu** de soutien au développement des compétences psychosociales. À cette fin, un **changement d'échelle** est nécessaire dans le développement des CPS, suivant une offre universelle proportionnée. »

Depuis la dernière réédition de cet ouvrage, l'actualité des CPS est brûlante.

- Dans le cadre du renforcement du volet prévention du Plan interministériel de lutte contre le harcèlement et depuis la rentrée de septembre 2024, des séances d'empathie se généralisent au 1er degré. Un kit composé de 3 volumes à destination des professeurs est proposé[13].
- Le nouveau programme d'EMC qui intègre les CPS, publié au BO du 13 juin 2024 – même s'il ne concerne pas les élèves de maternelle – atteste de cette montée en puissance des CPS.
- Le nouveau socle commun de compétences et de culture de 2025 devrait intégrer les CPS, telles que la confiance en soi ou la capacité de travail en groupe, au même titre que les apprentissages fondamentaux (mathématiques et français) et que les connaissances de culture générale.

En résumé
Le développement des compétences sociales et émotionnelles des jeunes enfants est en ligne avec les priorités de l'Éducation nationale, les orientations nationales et académiques. Il est aussi au cœur des programmes de prévention et de promotion de la santé. Il s'inscrit donc dans la culture et les gestes professionnels de tous les enseignants, de la maternelle au lycée.
L'enseignant incarne, pour l'élève, la référence bienveillante, exigeante et juste, qui veille au respect de ses besoins pour qu'il apprenne et s'épanouisse dans un cadre sécurisant, serein et de confiance.

La décennie 2020 marque un **tournant** dans l'histoire des CSE en France, un vrai **changement de paradigme**, enthousiasmant et exigeant, à la hauteur des enjeux.

Quels sont les bienfaits du développement des CSE ?

Les compétences psychosociales ou socio-émotionnelles font partie des compétences de vie qui permettent de faire face efficacement aux situations et problèmes du quotidien. Elles peuvent donc contribuer à favoriser le bienêtre (dans toutes ses

13. https://eduscol.education.fr/3901/developper-les-competences-psychosociales-chez-les-eleves

dimensions, mental, physique et social), la réussite éducative, l'insertion professionnelle, et à prévenir des comportements défavorables à la santé.

Les compétences socio-émotionnelles peuvent :

- Améliorer les capacités d'agir des individus (empowerment) ;
- Aider à développer des relations constructives ;
- Contribuer à faire face aux situations du quotidien et en cas d'adversité[14].

Le développement des CSE est bénéfique pour tous, enfants comme adultes[15].

Pour les élèves

Des études récentes ont démontré que **le développement de ces compétences favorise le bienêtre, les interactions sociales positives, le développement cognitif, de meilleurs résultats académiques**[16] **et ce, encore plus auprès d'enfants vulnérables**[17].

Ces compétences représentent pour l'enfant des facteurs de protection et des ressources qui lui seront utiles dans ses apprentissages et dans sa vie, à l'école et en dehors, aujourd'hui et demain.

C'est en apprenant à réguler ses émotions que l'enfant va davantage se concentrer sur une tâche, se montrer plus persévérant, plus habile dans ses relations. C'est en apprenant à se connaitre et à développer la conscience de soi qu'il pourra s'affirmer et prendre sa place dans un groupe. C'est en cultivant son écoute et son empathie qu'il pourra mieux comprendre l'autre, le respecter et donc mieux interagir avec lui. C'est en l'aidant à identifier ses forces de caractère et en développant sa confiance en soi qu'il saura mieux gérer et surmonter les défis du quotidien.

Il n'y a pas d'âge pour développer les CSE mais le plus tôt est le mieux. L'apprentissage peut être mis en place dès le plus jeune âge. Il en sera d'autant plus facile étant donné la plasticité cérébrale des jeunes enfants. Ses bienfaits pourront ainsi se déployer très tôt dans leur vie.

---

14. https://www.santepubliquefrance.fr/maladies-et-traumatismes/sante-mentale/depression-et-anxiete/documents/brochure/les-competences-psychosociales-l-essentiel-a-savoir
15. Luis E., et Lamboy B., « Les compétences psychosociales : définition et état des connaissances », *La Santé en action*, n° 431, mars 2015, p. 12-16.
16. Russel *et al.*, 2016, Encinar *et al.*, 2017, Camras er Halberstadt, 2017, Domitrovich *et al.*, 2017.
17. Gueguen C., Lamboy B., Shankland R., et Williamson M. O., *Les compétences psychosociales. Manuel de développement*, De Boeck Supérieur, 2021.

> *Ce travail autour des CSE apporte aux enfants non seulement des ressources extérieures mais aussi intérieures. Plus à même de s'épanouir au sein de l'école et à travers leurs relations sociales, les enfants renforcent leur motivation et leur désir d'apprendre. Les différents outils et exercices mis en place au sein de la classe sont devenus des routines quotidiennes qui aident les enfants à trouver l'harmonie et l'énergie nécessaires au développement de leur plein potentiel.*
>
> *Force est de constater que l'ambiance générale dans la classe est plus sereine et que les enfants prennent plus d'assurance et de confiance en eux. Ils développent entre eux plus d'empathie et ils arrivent plus facilement à exprimer leurs ressentis et leurs besoins.*
>
> *J'observe également l'impact significatif sur la capacité de concentration et de mémorisation des enfants qui se reflète directement sur les apprentissages cognitifs. Désormais inclus dans notre projet d'accompagnement éducatif, ce travail de développement des CSE est devenu essentiel afin de cultiver le plaisir et la joie d'apprendre des enfants.*
>
> *Dialoguer avec les émotions est un travail capital pour la construction personnelle et apporter des fondations solides aux enfants est prioritaire pour leur développement identitaire.*
>
> *Julie*

> *L'accompagnement au développement des compétences socio-émotionnelles des enfants a une portée bénéfique pour eux et se manifeste notamment par l'amélioration de leur bienêtre et du bien vivre ensemble.Tous les outils et rituels mis en place ont un impact positif sur l'ensemble des enfants : ils les aident à dire plus facilement ce qu'ils ressentent, à reconnaitre et à accepter les émotions de l'autre. Ainsi ils peuvent le soutenir ou l'accompagner vers l'adulte pour obtenir une aide qu'ils ne peuvent fournir.*
>
> *Ces outils et rituels, qu'ils pratiquent avec enthousiasme et plaisir, ont une grande valeur dans l'accompagnement et le développement de leurs aptitudes.*
>
> *Virginie*

Pour une synthèse de ces bénéfices, vous pouvez consulter la page éduscol sur les CPS par exemple[18].

Pour les adultes

Pour les adultes, on retrouve les mêmes bienfaits du développement des CSE sur la connaissance de soi, le « vivre ensemble », le bienêtre et la santé.

18.https://eduscol.education.fr/3901/developper-les-competences-psychosociales-chez-les-eleves

• Pourquoi développer ses CSE en tant qu'enseignant ?

Les CSE des adultes qui accompagnent les enfants dans cet apprentissage influencent directement la gestion du groupe, la régulation des comportements, l'enthousiasme et le plaisir d'apprendre[19]. **C'est par exemple en se montrant empathique que l'enseignant favorisera le développement de cette compétence chez ses élèves.**

En maternelle, l'enseignant est un référent de taille pour ses élèves, un véritable modèle, une source d'inspiration. L'enfant l'imite, il se construit et s'épanouit par l'expérience de ces compétences auprès de lui.

C'est parce que son rôle est déterminant qu'il doit lui-même développer ces compétences.

Développer ses CSE permet à l'enseignant :

- **D'avoir différents points de repère pour nourrir une posture réflexive, questionner sa pratique et ses gestes professionnels.** Cet apprentissage des CSE est en effet une invitation à grandir dans sa posture et dans sa pratique, car tout chemin commence par soi. Comment est-ce que je gère moi-même mon stress et mes émotions ? Quelles sont mes forces ? Comment est-ce que je coopère avec mes collègues ? Est-ce que je fais preuve d'esprit critique, d'empathie ? Est-ce que je prends le temps d'évaluer ma propre pratique ? Suis-je ouvert au feedback ? Le feedback que je donne à mes élèves est-il constructif ?
- **De disposer d'outils concrets à mobiliser en classe et à l'école en fonction des besoins**, même en dehors des temps d'apprentissage formel. Comment gérer le stress en classe, le mien, celui de mes élèves ? Quels outils de régulation puis-je mettre en place ? Ai-je envie de développer des activités de cohérence cardiaque, de relaxation ? Comment développer la coopération, l'écoute et l'empathie dans ma classe ? Comment créer un cadre bienveillant, serein et de confiance pour permettre à chacun de s'épanouir ?
- **De questionner son regard sur l'enfant** en ne le considérant pas seulement comme un élève mais comme une personne à part entière, en pleine construction.

• Pourquoi développer ses CSE en tant que parent ?

Cet apprentissage permet aux parents d'augmenter leur sentiment d'efficacité parentale, ces derniers se percevant plus en capacité d'accompagner le développement de leur(s) enfant(s). Il agit sur leur bienêtre subjectif et la qualité des relations avec leur progéniture. De plus, il favorise des pratiques éducatives positives et bienveillantes, avec des bienfaits sur le développement même de l'enfant et de ses compétences[20].

---

19. Gueguen C., Lamboy B., Shankland R., et Williamson M. O, *op. cit.*
20. Luis E., et Lamboy B., art. cit.

En résumé

Le développement des CSE est l'affaire de chacun et il bénéficie à tous : enfants, parents et enseignants. Il favorise l'autonomisation et renforce le pouvoir d'agir (empowerment) des personnes, le maintien d'un état de bien-être psychologique, la construction de relations saines et positives, l'adoption de comportements favorables à la santé et la réduction des comportements à risque.

Le développement des CSE à l'école est une évidence, sinon une nécessité. L'école est un lieu de vie et à ce titre elle exerce une grande influence sur le développement de l'enfant. Elle peut même s'avérer être le seul lieu où se développent ces compétences, pour les jeunes qui ne bénéficient pas de soutien familial.

Le développement de ces compétences représente donc un moyen de lutter contre les inégalités sociales.

Le référentiel théorique et scientifique enrichi, publié en 2022 par Santé Publique France, propose de nombreux éclairages sur les fondements, enjeux et bienfaits de cet apprentissage des CSE en contexte scolaire. Nous vous en proposons une synthèse ici :

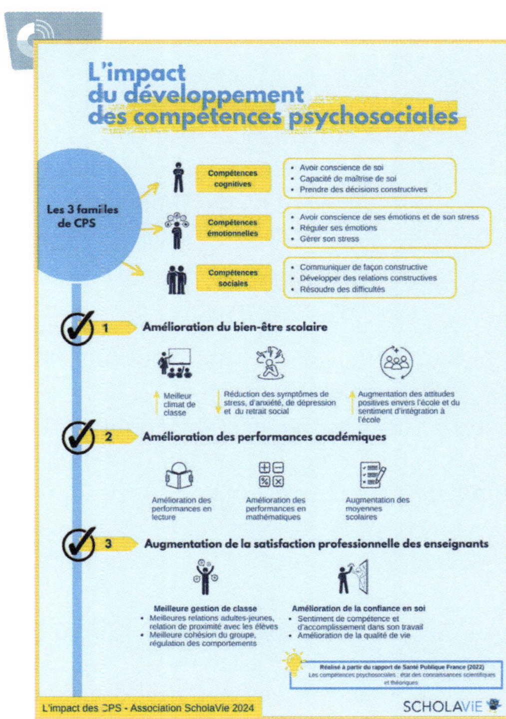

Comment développer les CSE en maternelle?

• Les grands principes de développement des CSE

Ces cinquante dernières années, de nombreuses interventions et des programmes de développement des CSE ont été mis en place et étudiés. Ces expériences nous renseignent sur les critères de qualité des interventions de développement des CSE.

Un apprentissage formel

Il existe deux grandes modalités complémentaires pour mettre en œuvre des interventions formelles de développement de ces compétences, pour lesquelles l'adaptation au contexte d'implantation est cruciale[21] :

- Utiliser des programmes probants « clés en main », dont l'efficacité a été démontrée scientifiquement, comme « Contes sur moi » ou « Fluppy »[22].
- Utiliser des connaissances scientifiques et expérientielles pour construire une nouvelle intervention.

Qu'il repose sur des programmes probants ou qu'il soit basé sur les données probantes, cet apprentissage des CPS est dit **formel** car il est mis en place dans un contexte organisé et structuré, et focalisé sur le développement d'une compétence spécifique, comme la connaissance de soi, la régulation des émotions ou l'empathie.

<u>Un apprentissage informel</u>

À côté de ces activités formelles et spécifiques, les CSE se développent aussi de manière plus informelle, grâce aux rituels, les interactions et les pratiques courantes d'éducation. Prenons l'exemple du travail de groupe, fréquemment utilisé dans les apprentissages. Il peut soutenir le développement des CSE comme l'écoute empathique ou la communication efficace.

• Pour une démarche intégrée des CSE

L'apprentissage formel et l'apprentissage informel des CSE sont essentiels et complémentaires. Il s'agit dans tous les cas d'**intégrer** leur développement dans le quotidien des enfants et des jeunes.

Rappelons-le, la **posture et les gestes professionnels** de l'enseignant occupent un rôle déterminant dans le développement des CSE de ses élèves. C'est pourquoi il est invité à la réflexivité et à questionner le développement de ses propres compétences.

---

21. https://www.santepubliquefrance.fr/maladies-et-traumatismes/sante-mentale/depression-et-anxiete/documents/brochure/les-competences-psychosociales-l-essentiel-a-savoir
22. https://www.promosante-idf.fr/programmes-de-developpement-des-cps-des-enfants-et-jeunes-adolescents#maternelle

L'efficacité d'une intervention CPS varie en fonction de la possibilité qu'a l'enfant d'expérimenter les CPS dans son quotidien. Les ateliers CPS, bien qu'essentiels et porteurs, représentent un temps minime dans la vie de l'enfant. Ces temps d'apprentissage formels et privilégiés doivent être complétés par des pratiques informelles répétées pour permettre le plein développement des CPS des enfants et des jeunes. [...] Les pratiques informelles répétées des CPS que ce soit à l'école, à la maison ou dans la communauté jouent un rôle essentiel ; tout comme le fait que l'enfant soit en contact avec des adultes incarnant les CPS.

Source : Référentiel Santé Publique France, 2022

• L'importance des rituels

Le terme « rituel » est utilisé pour nommer certaines activités reproduites quotidiennement ou très régulièrement, le plus souvent dans l'espace de regroupement. **C'est donc par sa régularité et sa fréquence qu'une activité peut devenir progressivement un rituel**. Le rituel structure la vie de l'élève et crée les conditions favorables aux apprentissages pour tous. Certains rituels peuvent particulièrement aider des élèves ayant des besoins éducatifs particuliers. Par exemple, l'aspect répétitif d'une comptine peut compenser des troubles de la mémorisation, une activité connue comme un rituel de gratitude peut aider l'élève à se concentrer s'il a des troubles de l'attention, etc. Le rituel, par son caractère connu, peut développer la mémoire mais aussi des capacités d'anticipation, de la confiance en soi et de l'autonomie. L'aspect répétitif des activités sécurise le jeune élève en l'installant dans un cadre matériel (supports utilisés), spatial (lieux de rassemblement) et temporel (dans la journée, la semaine ou le mois). Les rituels ont donc une **place privilégiée** en maternelle. Ils sont explicitement préconisés par les programmes scolaires. Ceux de 2015 invitent à ritualiser de nombreux moments et activités de manière quotidienne, hebdomadaire voire mensuelle. Les rituels de début de matinée, par exemple, figurent notamment dans le domaine du « Vivre ensemble ». Ils sont un moyen pour l'élève d'être nommé et reconnu (lors de l'appel), de s'approprier les règles de vie (par la réitération d'activités) et de participer aux activités proposées en étant chaque jour plus autonome. **Il existe différents types de rituels.** Ils peuvent être de politesse (en début de journée, on se regroupe pour se dire bonjour), de transition (l'appel, le calendrier, la météo, entre deux temps d'apprentissage, deux ateliers, etc.), de rupture (à la fin de la journée pour se dire au revoir), de passage, mais être aussi culturels et traditionnels, comme ceux proposés à l'occasion de la réception d'un magazine à laquelle la classe est abonnée, la célébration de certaines fêtes ou anniversaires par exemple. Qu'ils soient marqueurs temporels ou porteurs de règles sociales, des pauses ou intermèdes pour se concentrer ou changer d'activité, qu'ils permettent de réactiver des acquis, de renforcer des compétences, de mémoriser durablement, les rituels s'inscrivent dans la vie de la classe, au sens où ils visent toujours à favoriser les apprentissages et/ou la socialisation. Ils permettent de construire un langage partagé, la cohésion du groupe et le sentiment d'appartenance et d'expérimenter des compétences sociales et émotionnelles comme la capacité d'écoute, le respect mutuel, l'empathie, la libre expression des émotions, etc.

Le rituel permet de **nourrir les besoins psychologiques fondamentaux de l'enfant** que sont les besoins de compétence, d'autonomie et d'appartenance[23]. Le besoin de compétence en proposant un cadre sécurisant et clair, avec des consignes précises et intégrées par tous car répétées. Le besoin d'autonomie car dans ce cadre contraint aux règles très précises et connues qu'est le rituel, les enfants peuvent nourrir leur esprit d'initiative, faire des choix. Chaque élève sait ce qu'on attend de lui, pourquoi, quand et comment. Il donne à chacun une place, il est intégrateur et inclusif. Le besoin d'appartenance ou de proximité sociale, car il permet d'écrire une histoire commune à la classe. Le rituel a une fonction symbolique et sociale, pour l'individu et pour le groupe classe. Les rituels de début de matinée, par exemple, représentent pour l'élève un « rite de passage ». Il marque la transition entre la vie familiale à la maison et le temps scolaire, une frontière à partir de laquelle l'enfant adopte un comportement d'élève. C'est un « rite collectif », qui a lieu en général après l'accueil et qui revêt aussi une dimension individuelle, car il doit permettre à chacun de trouver sa place dans le groupe. Ces rituels du matin sont déterminants et donnent la tonalité de la journée.

C'est pourquoi les rituels proposés dans le chapitre 1 proposent de vivre de nombreuses émotions agréables, permettent à chacun d'être accueilli et reconnu, de poser une intention positive pour la journée et d'être acteur de son bienêtre comme de celui des autres.

En résumé

Les rituels sont omniprésents dans les classes de maternelle et apparaissent souvent dans les emplois du temps[22]. Ils permettent de structurer le temps et la vie de la classe.

Ils participent grandement au développement des CSE des élèves en favorisant notamment la socialisation, la communication et la gestion des émotions. Ils sont autant d'occasions d'enrichir le langage des élèves, y compris le langage émotionnel et de nourrir leurs besoins fondamentaux.

23. Deci E. L., et Ryan R. M., « Favoriser la motivation optimale et la santé mentale dans les divers milieux de vie », *Canadian Psychology/Psychologie canadienne*, 2008, 49(1), 24.

De nombreux rituels proposés dans cet ouvrage sont basés sur les apports de la recherche, en psychologie des ressources. Cette dernière apporte un éclairage théorique et pratique pertinent sur le développement des ressources individuelles et collectives que sont les CSE. Elle vise à construire ce qui permet d'être résilient. Elle est fondée sur les principes et les méthodes de validation empirique. C'est, pour reprendre une définition souvent partagée, « l'étude des conditions et des processus qui contribuent à l'épanouissement ou au fonctionnement optimal des individus, des groupes et des institutions[24] ». Elle a pour but d'identifier les déterminants du bienêtre et de l'épanouissement humain, d'améliorer la qualité de vie et de valider des méthodes de promotion de la santé mentale et d'accompagnement centrées sur les ressources et les potentialités humaines.

Les rituels proposés dans cet ouvrage permettent de développer certaines des compétences sociales et émotionnelles des élèves, comme :

- la confiance en soi et les forces de caractère, en lien avec la conscience de soi (compétence cognitive) ;
- quelques-unes des compétences émotionnelles ;
- la gentillesse, la gratitude et la coopération, en lien avec le développement de relations constructives (compétence sociale) ;
- l'écoute et l'empathie, en lien avec la communication constructive (compétence sociale).

Le choix s'est opéré en fonction de deux considérations majeures : les apports de la psychologie des ressources et l'âge des élèves. C'est donc un parti pris d'axer principalement le développement des compétences émotionnelles des élèves sur le développement des émotions agréables, car c'est là un de ses apports essentiels, tout comme celui sur les forces de caractère et la gentillesse.

Dans la dernière partie de l'introduction (voir page 40), vous trouverez un éclairage théorique sur chacune des CSE abordées avant de les explorer de manière pratique dans les chapitres suivants.

Comment mettre en œuvre des rituels efficaces pour développer les CSE ?

Comme pour tout rituel, le principal écueil est que ces rituels deviennent routiniers, parce que toujours identiques ou sur le même modèle pendant les trois années de maternelle. Il est donc important de rappeler quelques principes à suivre pour que **les rituels proposés engagent pleinement les élèves dans la durée et soient efficaces.**

---

24. Gable S. L., et Haidt J., « What (and why) is positive psychology? », *Review of General Psychology*, 9(2), 2005, p. 103-110.

Des rituels mis en place par des enseignants avec une formation dédiée

Cet apprentissage est d'autant plus efficace qu'il est dispensé par le personnel enseignant[25]. Cela n'exclut pas les intervenants extérieurs bien sûr. Mais c'est l'enseignant qui est le référent principal de la classe, qui noue un lien privilégié avec ses élèves, qui peut créer ce climat de confiance et de respect mutuel nécessaire au développement des CSE. Cet apprentissage se vit et s'expérimente au quotidien ; alors qui de mieux placé que l'enseignant pour le dispenser, **en intégrant bien sûr tous les adultes référents de la classe ?**

L'apprentissage des CSE est d'autant plus efficace que les enseignants ont suivi une formation dédiée. En effet, la formation représente une des composantes les plus importantes d'un enseignement efficace[26]. Elle nécessite d'être à la fois théorique pour appréhender les concepts, et pratique afin d'outiller l'enseignant et lui permettre de mettre en place des activités dédiées.

Former et outiller les enseignants est indispensable car la volonté et la compétence de ces derniers sont responsables d'une grande partie de la réussite d'un tel apprentissage.

Des rituels de courte durée

Il convient de **limiter la durée des rituels : ils ne doivent pas, selon le niveau de classe concerné, dépasser les 5 à 10 voire 15 minutes.** L'attention des enfants est limitée et les rituels ne sont pas en tant que tels des temps d'apprentissage même s'ils doivent être en lien avec ces derniers.

Si la durée de ces rituels doit être limitée dans le temps, le développement des CSE est un long **processus** qui doit pouvoir être mis en œuvre sur les années du cycle 1 et bien au-delà. C'est l'apprentissage d'une vie, mais plus on a la chance de le commencer tôt, plus il est efficace. Aussi, il est important d'organiser une **progression** qui s'étale dans la durée.

Des rituels en lien avec les apprentissages

Pour leur donner du sens et de la cohérence, il convient d'articuler les rituels pour développer les CSE avec les situations d'apprentissage conduites par l'enseignant en ateliers. C'est souvent le cas des rituels proposés dans cet ouvrage et notamment ceux de regroupement juste après l'organisation des ateliers (chapitre 2).

---

25. Durlak J. A., Weissberg R. P., Dymnicki A. B., Taylor R. D., et Schellinger K. B., « The impact of enhancing students' social and emotional learning : A meta-analysis of school-based universal interventions », *Child Development*, 82(1), 2011, p. 405-432.
26. Hattie J., *Visible learning : A Synthesis of over 800 Meta-Analyses Relating to Achievement*, Routledge, 2008.

Le développement des CSE doit, autant que faire se peut, **s'intégrer** dans la vie de la classe et s'articuler avec les compétences du socle.

Exemple : Rituel des petits cailloux (chapitre 1)

En comptant le nombre de billes ou cailloux passés d'un bocal à l'autre pour témoigner du nombre d'expériences agréables vécues dans la journée, l'enseignant articule ce rituel avec une séance de mathématiques.

Des rituels de formes variées

La répétition d'une tâche rassure mais reproduite à l'identique, elle ennuie et désengage. Il est important que **la forme du rituel évolue avec le temps**. Pour cela, vous pouvez faire varier les supports. Les rituels de **gratitude** proposés dans le chapitre 4, par exemple, partagent tous le même objectif mais se différencient dans leurs formes, pour garder éveillée la curiosité des enfants et continuer de les rassurer. L'enseignant est un formidable équilibriste qui doit osciller entre le connu et l'inconnu.

Des rituels focalisés et explicites, suivis d'un retour réflexif

Il convient de limiter le contenu et les objectifs des rituels, pour ne pas créer de surcharge cognitive et brouiller les messages. Ils sont préparés en fonction d'objectifs spécifiques, avec une mise en œuvre précise. Ces objectifs peuvent être présentés aux élèves afin qu'ils leur donnent du sens. L'apprentissage des CSE doit être focalisé, explicite, actif et expérientiel : **les CSE se développent par l'expérience ou le jeu.**

Le **retour réflexif** qui suit un rituel est un temps de **métacognition** qui permet de transformer l'expérience vécue en apprentissage durable. Il va faciliter le transfert des nouveaux savoirs développés dans d'autres contextes. Il peut s'organiser en 3 phases :

- **Observation**. Observer ce qui s'est passé chez soi, chez les autres, dans le groupe. Était-ce agréable/désagréable, est-ce que j'ai aimé/pas aimé ? On peut utiliser le corps pour faciliter l'expression, l'utilisation de feux de couleurs, etc.
- **Explicitation**. Comprendre l'expérience, conscientiser et expliciter les apprentissages et compétences en jeu. Qu'avons-nous appris ?
- **Projection**. Identifier la manière de transférer ces nouveaux savoirs au quotidien. Comment utiliser ce qu'on vient d'apprendre dans la classe, quelles différences cela fera pour moi, pour les autres ?

Évidemment, en maternelle, ce retour réflexif doit être aménagé pour qu'il soit possible et votre rôle dans l'aide à la formulation sera essentiel.

Des rituels adaptés à l'âge des enfants

Le contenu des rituels évolue en fonction du stade de développement social et affectif de l'enfant qui se fait par étapes. Sa personnalité se construit progressivement, au gré des expériences vécues et dépend considérablement de l'entourage. Jusqu'à 5 ou 6 ans, l'enfant n'a pas encore la capacité cérébrale de faire face à ses émotions (voir page 46 l'éclairage théorique sur les émotions). Il aura par exemple du mal à percevoir les liens entre ses efforts de régulation et la modulation de ses émotions. Mais il faut préparer le terrain et l'accompagner dès le plus jeune âge. C'est grâce à l'attitude empathique et encourageante de l'enseignant qu'il va développer son intelligence émotionnelle et réussir à contrôler ses émotions. L'enseignant l'encourage à se connecter à ses émotions et à les verbaliser. Le langage émotionnel qui se construit peu à peu l'aide à comprendre son ressenti et à prendre de la distance par rapport à son émotion pour ensuite mieux parvenir à la moduler. **Il est donc important de respecter certaines étapes dans le développement des compétences émotionnelles des élèves : on ne peut demander à un enfant d'exprimer son émotion s'il n'a pas au préalable développé son langage émotionnel et appris à l'identifier, la ressentir et la comprendre.**

Progressivement, l'enfant va aussi développer sa capacité à utiliser les émotions dans ses rapports avec les autres. En maternelle, les enfants peuvent faire preuve d'empathie et de compassion. Avant 4 ans, cela est limité car l'ouverture à l'autre et les échanges sont réduits. Après 4 ans, les interactions se multiplient : c'est l'âge des premières amitiés, les enfants parviennent progressivement à ajuster leurs comportements en lien avec les émotions des autres, à jouer avec eux, à collaborer, etc. De même, la capacité de l'enfant à décrire son état mental va se développer en même temps que la conscience de soi et ses capacités langagières. Il pourra par exemple décrire son meilleur ami comme quelqu'un de drôle ou bon au foot.

Tout est lié dans cet apprentissage : l'influence de l'entourage, le climat de classe, l'attitude empathique et soutenante de l'enseignant, la maturité cérébrale de l'enfant, le développement du langage, l'importance du corps et la connexion aux ressentis, la connaissance et la conscience de soi, etc.

Ces différents éléments sont à prendre en compte dans la planification et l'organisation des rituels. C'est pourquoi il est important de choisir ceux qui correspondent le plus à l'âge et aux besoins des élèves et d'organiser une progression adaptée et souple.

Des rituels cohérents et adaptés aux besoins et contexte

Il n'y a pas un seul chemin pour développer les CSE. Les propositions de cet ouvrage offrent un cadre avec des repères mais ce ne sont que des invitations. Pour avancer de manière cohérente et efficace dans cet apprentissage des CSE, il convient d'intégrer les besoins spécifiques de votre classe pour construire votre **progression**.

Vous pouvez en effet ressentir le besoin de travailler en priorité la confiance en soi et donc tous les rituels en lien (chapitre 2). Ou, dans le cadre d'un climat de classe tendu et conflictuel, vous pouvez choisir de davantage mettre l'accent sur le développement des aptitudes favorables à la communication comme l'empathie, l'écoute, la gentillesse, etc. (chapitre 4). **Il convient cependant qu'un vaste ensemble de CSE soit développé.** Il a en effet été démontré que les approches à long terme qui favorisent le développement de plusieurs compétences sont plus efficaces que les approches à court terme focalisées sur l'apprentissage d'une seule compétence[27].

Le référentiel opérationnel de SpF, à paraître (courant 2025) devrait donner de grandes orientations pour aider les professionnels de l'éducation à construire une progression CPS cohérente et efficace. Il précisera les deux phases autour desquelles construire cette progression, en tenant compte des mécanismes de développement de chacune des CPS :

<u>La 1re phase</u> : développer en premier lieu les **capacités de compréhension** et d'**acceptation** de l'expérience cognitive (conscience de soi), émotionnelle (conscience des émotions) et sociale (développer des relations constructives), en commençant par soi pour aller vers l'autre.
<u>La 2e phase</u> : une fois les compétences de base de la 1re phase développées, il s'agira de mettre en place dans un second temps l'apprentissage des **capacités de régulation et d'accomplissement** cognitif (maîtrise de soi), émotionnel (réguler ses émotions et son stress) et social (résoudre des difficultés relationnelles).
Exemple : c'est parce que l'enfant aura compris le fonctionnement des émotions et qu'il saura les identifier (compétence générale de la phase 1 d'accueil et de compréhension : conscience des émotions), qu'il saura les exprimer et les réguler (compétences générales de la phase 2, de régulation et d'accomplissement).

---

27. Kibe C. et Boniwell I., « 420 Teaching well-Being and resilience in primary and secondary school », in *Positive Psychology in Practice : Promoting Human Flourishing in Work, Health, Education, and Everyday Life*, John Wiley and Sons, 2015.

Des rituels qui associent le plus grand nombre d'acteurs éducatifs

Le développement des CSE est plus efficace quand il est mis en place à l'échelle d'une école et qu'il associe le plus grand nombre d'acteurs éducatifs.

• Travailler en équipe

Tous les enseignants sont concernés par cet apprentissage des CSE. Alors autant unir les forces pour s'enrichir des expertises, des idées et des réflexions des uns et des autres, pour échanger, partager ses difficultés, pour mener à bien des actions et des projets communs.

Cet apprentissage est transversal à la vie de l'école. Les CSE se développent aussi bien pendant le temps de classe, les recréations, les pauses méridiennes que pendant les ateliers périscolaires. **C'est pourquoi il est primordial d'associer et de réunir l'ensemble des membres de la communauté éducative autour des projets pour renforcer le développement des CSE : Atsem, AESH, surveillants, personnel administratif, de santé, cantiniers, etc.** Évidemment, il est indispensable que l'ensemble des acteurs concernés soit sinon formé, du moins informé de la démarche : inscription souhaitable de cette approche dans le projet d'école, réunion d'information auprès de tous, actions de communication et de sensibilisation, etc. Enfin, il est souhaitable d'organiser des séances de partages et d'échanges pour permettre à chacun de prendre du recul sur sa pratique et sa posture, de mener une **pratique réflexive** et de s'enrichir des expertises et retours d'expériences des autres.

• Associer les parents

Le développement des CSE se fait en premier lieu au sein de la famille et de l'entourage. L'enseignant est là pour renforcer ces compétences, en **coéducation** avec la famille.

Vous pouvez profiter de la réunion de début d'année, par exemple, pour informer les parents d'élèves de votre démarche, faits scientifiques à l'appui. N'hésitez pas à leur donner des exemples de rituels et d'activités, des pistes concrètes pour enrichir leurs propres postures et pratiques. Vous pouvez aussi les inviter à participer à des séances, rituels et ateliers intergénérationnels de développement des compétences sociales et émotionnelles.

En résumé

Pour instaurer des rituels efficaces, il convient d'utiliser une pédagogie :
- adaptée au contexte, aux besoins des enfants et à leur stade de développement ;
- expérientielle et active, basée sur l'expérience vécue des enfants et qui favorise l'implication, la réflexion et l'interaction ;
- positive, orientée sur le développement des ressources des élèves et la satisfaction de leurs besoins psychologiques fondamentaux (compétence, autonomie, proximité sociale) ;
- focalisée et explicite. En introduisant le rituel, vous partagez votre intention et nommez la compétence travaillée : « Aujourd'hui, nous allons apprendre à nous connaître et partir à la découverte de nos forces de caractère, les nôtres comme celles des autres », etc.

Ces rituels doivent être suivis d'un retour réflexif sur ce que les enfants ont vécu pendant l'expérience. Ce temps de métacognition, qui leur permet de conscientiser leur apprentissage et de le généraliser à d'autres contextes, est ce qui distingue un simple rituel d'un rituel CPS.

Les acteurs de l'environnement familial, scolaire et social doivent développer un langage commun, coopérer et travailler en cohérence afin que l'environnement éducatif soit promoteur de la santé, du bien-être et de la réussite de chacun.

Quelle posture pour l'enseignant ?

Cette approche des CSE implique un **changement de paradigme** dans l'éducation. La mission de l'enseignant est de transmettre un savoir-faire ET un savoir-être pour participer au développement de la personne en devenir qu'est l'élève.

Cette approche peut bousculer vos pratiques et votre posture. Afin de vous engager dans cette voie, il est souhaitable de vivre cet apprentissage d'abord pour vous-même afin de mieux pouvoir l'enseigner ensuite à vos élèves : comment communiquer efficacement avec les enfants, leurs parents et les collègues, comment être habile dans vos relations, mener un travail pour connaitre vos forces personnelles et vos faiblesses, vos valeurs, faire preuve d'empathie, gérer votre stress et réguler vos émotions, vous montrer ouvert d'esprit, curieux, faire preuve d'adaptabilité, etc.

Ces compétences s'apprennent tout au long de la vie. Il n'y a pas d'âge pour les apprendre : plus tôt on le fait, mieux c'est, mais il n'est jamais trop tard ! Alors, si cet apprentissage est nouveau pour vous, il vous faut faire preuve de bienveillance envers vous-même, croire en vos capacités et avancer à votre rythme.

Cette approche des CSE est donc une **invitation à évoluer dans sa posture**, bienveillante et exigeante, ouverte, attentive aux émotions, respectueuse des vulnérabilités et besoins de chacun, au service du développement des compétences et forces de tous. Une posture qui valorise les aspects positifs, qui encourage, qui invite à l'autonomie, qui soutient, modélisante et inspirante. Une posture qui contribue grandement à la création d'un climat de classe positif, favorable au développement des CSE, en facilitant les interactions et relations positives, en laissant la possibilité à chacun – dans le respect de l'autre – d'exprimer ses émotions et ses pensées, de se tromper, d'apprendre de ses erreurs, de se questionner, etc.

Par votre communication verbale (les mots), non verbale (les gestes) et paraverbale (le ton de la voix, le débit), vous donnerez les moyens à chaque élève de mesurer ses progrès en faisant des retours d'expérience constructifs (rétroactions ou feedbacks). Pour cela, il est important de valoriser les efforts, les stratégies, les compétences, les comportements et les progrès, et de célébrer les réussites de chacun, si petites soient-elles.

Exemple : « Tu peux être fier de toi car à force d'efforts et de patience, tu as réussi à faire tes lacets. »

Vous valoriserez aussi la parole en même temps que vous demanderez parfois les silences nécessaires. L'écoute est de mise, encore plus durant ces rituels qui libèrent la parole. L'écoute est d'ailleurs la capacité la plus utilisée à l'école et pourtant la moins enseignée[28]. C'est pourquoi, dans cet ouvrage (chapitre 4), de nombreux rituels sont proposés pour la développer.

Comme dans tout apprentissage, l'enseignant est à la fois un expérimentateur, un guide, un observateur, un conseiller et un accompagnateur du développement des CSE de ses élèves. Il n'est pas le seul sachant, il encourage ses élèves à développer leur autonomie pour qu'ils puissent, dans un cadre contenant et sécurisant, agir et déployer leurs compétences et leur plein potentiel.

Cette posture est à incarner tout au long de la journée, et n'est bien sûr pas seulement réservée au temps d'apprentissage des CSE et des rituels mis en place pour les développer. La relation pédagogique peut en être considérablement transformée. Et la qualité de cette dernière est une composante essentielle d'un enseignement efficace[29].

28. Mackay I., *A guide to Listening*, London, Gwynne Printers Ltd, 1984.
29. Hattie J., *op. cit.*

« Convaincue des dernières recherches neuroscientifiques ainsi que des pouvoirs de la psychologie des ressources, j'accorde une importance fondamentale au bienêtre et à l'épanouissement de chaque enfant en les accompagnant dans le respect de leur unicité. Cependant, je constate que le travail autour des compétences sociales et émotionnelles (CSE) est relégué au second plan dans notre système éducatif alors que nous passons 90 % de notre temps d'éveil à ressentir des émotions. Selon mes expériences, apprendre à gérer ses émotions fait partie intégrante du processus d'apprentissage de la connaissance de soi, des autres et de la vie en société. Qu'en est-il de mon rôle en tant que professionnelle de l'éducation et donc de "passeur du savoir" et "d'accompagnant à la vie" ?

Avant tout modèle pour l'enfant, je pense que le savoir-être est aussi fondamental que le savoir-faire, voire primordial. Partant du postulat que le cerveau du jeune enfant n'est pas suffisamment mature pour prendre du recul face à une émotion forte et ainsi se raisonner par lui-même en toute autonomie, mon rôle d'éducateur n'est pas sans conséquence quant à la trace et à l'impact que je peux laisser sur lui.

Ce travail sur les CSE m'apporte aussi beaucoup personnellement et m'enrichit au quotidien. Il a résonné en moi et m'a donné quelques clés. Je me trouve plus sereine, plus à l'écoute de mes besoins et de ceux des autres et pleine de ressources.

Julie »

« Travailler avec mes élèves précisément sur les compétences sociales et émotionnelles m'a permis de mieux conscientiser, cadrer et organiser ce que je faisais souvent intuitivement.

Cela m'a réenthousiasmée dans mon métier de professeur en mettant la relation pédagogique au cœur des apprentissages. Cela m'a également motivée à innover dans la préparation des supports : interactivité et coopération sont indispensables, comme le sont également des temps de pause, de méditation, d'introspection, de métacognition.

Joëlle »

« Exprimer moi-même mes émotions auprès des enfants face à une situation de classe, notamment, est important car cela nous met sur un pied d'égalité, montre la considération que je leur porte et favorise ainsi une confiance en l'adulte essentielle au développement de l'empathie. Cela permet aux enfants de parler à cœur ouvert de tout sujet et/ou de leurs besoins. Enfin, écouter chaque enfant avec intérêt contribue au respect de la dignité de chacun.

Virginie »

« *Comment un enfant peut-il réussir à l'école s'il n'est pas bien avec lui-même et bien avec les autres ? Peut-on tout mettre en œuvre pour que des enfants réussissent dans les apprentissages, mais ne rien entreprendre pour qu'ils soient bien dans leur tête et bien avec les autres ? Souhaite-t-on préparer les enfants à acquérir des compétences pour affronter la vie et pour s'accomplir ? Peut-on se satisfaire d'un apprentissage disciplinaire qui n'est pas relié à l'individu ni à ses besoins fondamentaux ?*

À toutes ces questions, les approches en éducation fondée sur la psychologie positive et l'apprentissage des compétences socio-émotionnelles permettent d'apporter des réponses concrètes et validées scientifiquement.

Ces perspectives nouvelles sont enthousiasmantes et leur mise en œuvre permet de participer à la construction d'un individu plus épanoui dans un monde plus positif et respectueux des uns et des autres.

En tant qu'enseignante, c'est un accomplissement car cela redonne du sens et de la valeur à sa pratique. On a également le sentiment de grandir au contact de ses élèves et de son métier pour lequel on est amené chaque jour à donner le meilleur de soi-même et à progresser professionnellement et personnellement. »

Anne

En résumé

La posture des adultes référents est essentielle et déterminante. Leurs propres CSE représentent leur **meilleur outil** pour aider les enfants à développer les leurs. Il s'agit d'aider les élèves à réguler leurs émotions, résoudre les conflits et prendre des décisions constructives en étant un exemple positif, inspirant, modélisant. C'est une invitation à **conscientiser** ses pratiques, à grandir dans une **posture réflexive**, qui questionne ses propres CSE, avec bienveillance.

Vous trouverez en page suivante un outil visuel (téléchargeable à partir des ressources numériques) largement inspiré des recherches en psychologie positive. Il récapitule les dix composantes d'une posture favorable au développement des compétences sociales et émotionnelles des élèves : les 10 E.

LES 10 E

D'UNE POSTURE FAVORABLE AU DÉVELOPPEMENT DES CPS

1 **ETAT D'ESPRIT**

Adopter et nourrir un état d'esprit de développement, croire aux potentialités et progrès de chacun

2 **ERREUR**

Entretenir un rapport constructif à l'erreur, perçue comme une opportunité d'apprentissage

3 **ENTHOUSIASME**

Exercer sa force de l'enthousiasme pour créer un climat de classe positif

4 **ENGAGEMENT ACTIF**

Engager pleinement ses élèves, auteurs et acteurs de leurs apprentissages

5 **ESTIME DE SOI**

Entretenir et renforcer les croyances que chacun est capable et a de la valeur

6 **EMOTIONS**

Développer les compétences émotionnelles de chacun, les siennes comme celles de ses élèves

7 **EMPATHIE**

La meilleure manière de la développer chez ses élèves est de soi-même faire preuve d'empathie

8 **ECOUTE ACTIVE**

Écouter et parler moins. Développer cette capacité des élèves, une des plus utilisées et la moins enseignée

9 **EPANOUISSEMENT**

Permettre à chacun de s'épanouir à l'école pour mieux réussir

10 **EXPERIMENTATEUR**

Oser sortir de sa zone de confort et grandir dans sa posture, car tout chemin commence par soi !

SCHOLAVIE

Quelles difficultés le développement des CSE peut-il entrainer ?

Se préparer aux freins, aux résistances et aux difficultés qui peuvent surgir à l'occasion de cet apprentissage des CSE est indispensable. Et cela pour mieux, ensemble, réagir et répondre.

Ces résistances peuvent être internes (on peut les rencontrer en soi) ou externes (opposées par les autres). Il ne faut pas s'en effrayer, c'est bien normal dans un monde en mutation qui questionne sans cesse le métier d'enseignant. C'est le propre de l'innovation et du changement.

Avant de les partager, prenez quelques minutes pour y réfléchir vous-même.

Ces résistances, glanées au cours des formations et des actions menées avec ScholaVie dans les écoles, ne sont évidemment pas exhaustives et ne comportent aucun jugement de valeur. Elles sont peut-être moins nombreuses au 1er degré car l'école maternelle a toujours reconnu une place plus importante au développement des CSE.

« Ce n'est pas mon travail, je ne suis pas là pour apprendre à mes élèves à développer ces compétences. »

Aujourd'hui, cette réponse n'est plus vraie, comme on a pu le voir plus haut, en observant comment cet apprentissage est intégré dans les programmes de l'école maternelle.

« Je n'ai pas le temps. »

Quand on enseigne, on a souvent l'impression qu'on vit un marathon permanent et ce manque de temps est une des résistances les plus exprimées.

Il s'agit sans doute d'enseigner autrement et de ne pas considérer cet apprentissage comme un programme « en plus ». Et les nombreux rituels à l'école maternelle représentent une formidable opportunité pour développer les CSE des élèves, en lien et en cohérence avec les apprentissages fondamentaux.

Il y a aussi cette idée d'accepter de « perdre du temps » en amont, pour créer le climat favorable à la mise en place de cet apprentissage : non-jugement, écoute, respect, expression des émotions, ouverture d'esprit, etc. Ce temps n'est pas perdu et on en récolte ensuite les fruits, avec des effets positifs au niveau du climat de classe et des apprentissages.

« Je ne sais pas faire. »

Cet apprentissage peut en effet revêtir un caractère nouveau pour vous. Aussi, même motivé et convaincu de sa pertinence, vous pouvez douter et c'est encore bien compréhensible. En effet, il y a de fortes (mal) chances que vous n'ayez pas été formé à cette approche. Et sur cette question, la formation des enseignants en France est à la traine, même si les choses évoluent dans le bon sens et s'accélèrent.

Alors plusieurs options s'offrent à vous : vous pouvez vous former à votre rythme sur des plateformes gratuites (Canotech, ScholaVie, par exemple), participer à une formation proposée au sein de votre académie, monter un groupe de travail dans votre établissement ou une formation dédiée, organiser un échange de compétences, etc. Vous n'êtes pas seul et encore une fois, de plus en plus d'interventions sur ces sujets sont proposées.

Accorder toute la place qu'elles méritent aux CSE demandera peut-être énergie et engagement, d'oser sortir de sa zone de confort, mais cela vaut le coup. Et rien de mieux pour tenter ou continuer l'aventure que de s'appuyer sur les forces et les talents des uns et des autres.

« Les parents ne comprennent pas, ils ont peur que cet apprentissage empiète sur le programme. »

Si, la plupart du temps, les parents se réjouissent de cet apprentissage qui est une manière de mettre le bienêtre de leur enfant à l'honneur, ils se questionnent aussi souvent sur sa place : ne se fait-il pas au détriment d'un autre ? Vous avez certainement déjà entendu ce genre de réflexions : « Oui, c'est très bien tout ça mais si vous passez du temps à parler des émotions, en attendant, mon enfant ne sait toujours pas compter ou écrire son nom ! »

On peut comprendre cette interrogation, Rome ne s'est pas faite en un jour. C'est pourquoi il convient de créer du lien avec les parents, de les informer, de leur expliquer les enjeux, les réalités et les bienfaits de cet apprentissage, faits scientifiques à l'appui.

Tout comme leurs enfants, les parents ont besoin de comprendre les objectifs de cet apprentissage et en quoi il peut être au service des apprentissages fondamentaux. Dans cette démarche de communication, vous pouvez leur rappeler les dernières Instructions officielles, leur faire vivre une expérience pour exprimer leurs émotions et ressentis, les faire intervenir en fonction de leur expertise, etc.

Les parents en France ne sont peut-être pas assez associés à la vie de l'école et pourtant, plus ils le sont, plus on peut en faire des alliés.

« Les collègues ne comprennent pas l'importance que j'accorde à cet apprentissage dans ma classe. »

Aujourd'hui, cet apprentissage a toute sa place dans les programmes de l'école maternelle et de nombreuses études confirment ses bienfaits. Seulement, par manque de formations, de connaissances ou parce qu'évoluer dans sa posture n'est pas toujours simple, les choses mettent du temps à changer et à se traduire concrètement dans la vie d'une classe et d'une équipe. Et c'est bien normal.

Il est important de croire en soi et de respecter le chemin et le rythme des autres, avec bienveillance et sans jugement. Ce qui n'empêche pas de partager avec ses collègues ses pratiques et ses ressources, de proposer des échanges de compétences, et de démontrer, faits scientifiques à l'appui, les effets positifs de cet apprentissage sur le climat de classe, la réussite et la santé de chacun. Chacun sa route et chacun son chemin. Mais combien de fois a-t-on vu dans des établissements scolaires des enseignants moteurs sur ces sujets, et embarquer, avec leur énergie et détermination, nombre de leurs collègues sur ce chemin ?

⇨ L'association ScholaVie propose sur son site de nombreuses ressources en libre téléchargement ainsi qu'un accès gratuit à une plateforme qui propose des parcours, des webinaires et un forum qui propose des parcours de formation et des webinaires pour partager et enrichir ses pratiques (www.scholavie.fr).

Présentation des CSE développées dans l'ouvrage

Un éclairage théorique propose de mettre en lumière les apports de la recherche, sur le développement de chacune des compétences émotionnelles ou sociales abordées : la confiance en soi, les forces de caractère, les compétences émotionnelles, la gratitude, la gentillesse, l'écoute, l'empathie. Cette présentation est toujours proposée en trois parties :

- **Qu'est-ce que cette compétence ?** Il s'agit de définir le concept ou la compétence abordée.
- **Pourquoi la développer chez les enfants ?** Il s'agit d'évoquer les bienfaits du développement de cette compétence.
- **Comment la développer ?** Il s'agit de déterminer les grands principes et/ou le cadre à privilégier pour organiser des rituels dédiés au développement de cette compétence.

La partie qui suit cette présentation est organisée en cinq chapitres. Elle propose un éclairage pratique et pédagogique du développement des CSE. Au travers de rituels de transition ou temporels (chapitres 1 et 5), de passage (chapitre 2), de rituels attentionnels (chapitre 3) et porteurs de règles sociales ou de comportements pro-sociaux (chapitre 4), ces chapitres explorent des CSE ou des compétences clés au service de leur développement. En classe, la vie quotidienne regorge de situations permettant aux enfants de mobiliser leurs compétences sociales et émotionnelles. Il s'agit dans cet ouvrage de distinguer ces situations des activités ritualisées qui favorisent leur développement et permettent aux enfants de les vivre en conscience. Le temps de conscientisation est essentiel et c'est bien là un des objectifs communs à l'ensemble des rituels proposés.

Remarque : quand le niveau de classe n'est pas indiqué, c'est que le rituel est pour tous les niveaux (TPS-PS-MS-GS).

La confiance en soi

« Chaque fois qu'on exprime à l'enfant cette inconditionnelle conviction qu'il porte en lui le meilleur de lui-même, on renforce sa capacité à y croire et on lui ouvre l'accès en activant son pouvoir d'agir. »

Ostiane Mathon

• Qu'est-ce que la confiance en soi ?

La confiance en soi est également connue sous le terme de sentiment d'efficacité personnelle (SEP) ou d'auto-efficacité. Elle fait référence aux croyances que nous avons en nos ressources internes face à un objectif à atteindre ou un évènement donné :

- Est-ce que j'ai les ressources nécessaires pour atteindre cet objectif ?
- Est-ce que je me sens en capacité de faire cette activité ?
- Est-ce que je pense que je peux réussir à mener à bien ce projet ?

Pour résumer, **la confiance en soi, c'est considérer combien je me sens capable.**

Il ne s'agit donc pas d'une compétence qui s'apprend mécaniquement ou superficiellement mais plutôt d'**une croyance qui se façonne de l'intérieur, progressivement, au gré des expériences vécues.** « La confiance en soi ne se décrète pas, elle se construit », écrivait Saint-Exupéry. C'est donc un travail du quotidien et tous ceux qui accompagnent l'enfant peuvent, par leurs actions et leurs encouragements, développer et nourrir cette confiance en soi qui va elle-même renforcer l'estime de soi.

C'est Albert Bandura, un psychologue canadien, qui apporte un regard éclairant sur ce sentiment d'efficacité personnelle. C'est à partir de ses travaux que sont conçus les rituels proposés.

• Pourquoi développer la confiance en soi des enfants ?

Pour Bandura, ce sentiment d'efficacité personnelle est le fondement de la motivation, du bienêtre et des accomplissements humains[30].

Selon les dernières études, la confiance en soi permet d'être plus motivé, d'améliorer ses performances, de faciliter la prise de décision et les relations, d'être plus optimiste, résilient, persévérant, moins vulnérable en cas de stress ou d'échec par exemple. Dès lors, la confiance en soi apparait comme l'une des conditions du développement de l'ensemble des CSE. En effet, comment un enfant peut-il être à même de résoudre des problèmes, prendre des décisions, oser s'affirmer, coopérer, gérer ses émotions s'il ne s'en croit pas capable ?

• Comment développer la confiance en soi des enfants ?

Dans ses travaux, Bandura propose quelques leviers pour développer la confiance en soi de l'enfant[31].

- **Permettre à l'élève de vivre des expériences de réussite ou de maitrise.** Capitaliser sur ses expériences passées de réussite est le moyen le plus efficace de nourrir la confiance en soi. Pour un enseignant, cela implique de proposer au départ des tâches d'un degré de difficulté qui soit légèrement inférieur au niveau de compétence pour permettre à l'enfant de se sentir en capacité et de lui faire prendre conscience de sa maitrise. Ensuite, il s'agit d'augmenter progressivement le niveau de difficulté et de tendre vers des défis suffisamment élevés pour susciter la curiosité et l'envie de l'enfant, sans pour autant le décourager. Enfin, il s'agit de partager et célébrer les progrès et les réussites et de les valoriser.
- **Permettre des expériences vicariantes,** c'est-à-dire observer et s'inspirer des performances et stratégies des autres pour grandir, s'épanouir et réussir. Pour un enseignant, c'est permettre à l'enfant de vivre des situations dans lesquelles il voit ses pairs traverser une expérience, faire des erreurs et rebondir, en mobilisant leurs compétences pour atteindre un objectif. Ainsi, il vit ces situations à travers eux aussi bien dans le processus que dans le sentiment de satisfaction et de compétence ressenti à la fin de la tâche. Inspiration et non comparaison, bien sûr ! C'est par exemple à l'occasion d'un atelier de Kapla qu'un enfant en difficulté pourra observer, s'inspirer et reproduire les stratégies d'un autre camarade qui aura fini par réussir à faire une grande tour. Et si ce camarade intervient en renfort, cette expérience dite vicariante (inspirée d'un modèle) sera encore plus efficace. La recherche montre en effet que ces expériences sont d'autant plus bénéfiques que les personnes que l'enfant observe lui ressemble (classe d'âge similaire, amis, etc.).

---

30. Bandura, A., « Self-efficacy : toward a unifying theory of behavioral change », *Psychological review*, 84(2), 1977, p. 191.
31. Rondier M., Bandura A., « Auto-efficacité. Le sentiment d'efficacité personnelle », *L'orientation scolaire et professionnelle*, (33/3), 2004, p. 475-476.

- **Mettre en place des retours d'expérience** réguliers. Tous les messages de l'entourage comptent, ceux de l'enseignant comme des autres référents (Atsem, animateurs...), en passant par ceux des élèves eux-mêmes. Et pour qu'un retour d'expérience soit constructif et efficace, il doit revêtir les caractéristiques suivantes : **être immédiat** (le plus proche possible de l'expérience), **réel/concret** (relié à une action précise), **authentique** (y mettre du cœur) et **positif** (plutôt formulé à la forme affirmative et privilégiant le langage inductif)[32].
  Un encouragement qui valorise les réussites, les progrès, les stratégies, les efforts et les comportements de l'enfant a beaucoup plus d'impact. Plutôt que le « c'est bien » qu'on dit tous mais qui n'a aucun impact sur la confiance en soi, mieux vaut valoriser ce qui est bien et encourager le retour d'expérience de l'élève et la connexion à ses émotions : « Tu peux être fier de toi car tu as respecté la consigne, tu t'es beaucoup appliqué même si c'était difficile. Tu as fait beaucoup d'efforts et de progrès, qu'en penses-tu ? Que ressens-tu ? ».
- **Permettre à l'élève d'être connecté à ses émotions et ses ressentis physiques au cours de l'expérience, car son état émotionnel lié à cette tâche particulière joue un rôle : il peut l'entraver ou au contraire favoriser sa réussite..**
  Cela lui permet d'être davantage présent à ce qui se passe en lui, de mieux se connaitre et amorce déjà un début de régulation. C'est aider l'enfant à identifier son émotion, l'exprimer et la comprendre pour mieux la réguler et l'utiliser. Pour cela, vous pouvez mettre en place des rituels pour apprendre aux élèves à se connecter à leur(s) émotion(s) (comme la météo des émotions, chapitre 1) ou des rituels pour les apaiser afin de mieux les gérer quand elles perturbent leurs apprentissages (chapitre 3).

Rendez-vous au chapitre 2 (p. 93), pour explorer de nombreux rituels permettant de développer la confiance en soi des enfants.

Les forces de caractère

« Utiliser ses forces est la plus petite chose que l'on puisse faire pour faire la plus grande différence. »

Alex Linley

• Qu'est-ce qu'une force de caractère ?

D'après le professeur Alex Linley, une force est une capacité préexistante consistant en une manière particulière de se comporter, de réfléchir ou de ressentir, authentique et énergisante pour la personne qui l'utilise et permettant un fonctionnement optimal, le développement et la performance. Autrement dit, **une force est un trait de caractère positif, authentique et stimulant.**

---

32. Nelsen J., et Lott L., *La discipline positive dans la classe*, éditions Toucar, 2018.

Contrairement aux compétences, la force ne s'apprend pas, c'est un mode de fonctionnement naturel, et quand on l'utilise, elle donne énergie et vitalité.

Il existe différents modèles et classifications de forces de caractère. Nous vous présentons ici très brièvement celui établi par un collectif de chercheurs en psychologie positive dont Seligman, Myers et Peterson[33]. Ils ont identifié 24 forces universelles, réparties en 6 domaines qu'ils appellent vertus :

- **les forces de la sagesse et de la connaissance** (forces cognitives qui impliquent l'acquisition et l'utilisation des connaissances) : *créativité, curiosité, discernement, gout de l'apprentissage, perspective ;*
- **les forces du courage** (forces émotionnelles permettant d'atteindre des objectifs en dépit de l'opposition) : *vaillance, honnêteté, persévérance, enthousiasme ;*
- **les forces de l'humanité** (forces interpersonnelles qui impliquent de s'occuper des autres et de se lier d'amitié) : *gentillesse, amour, intelligence sociale (être conscient de ses motivations, ses sentiments et ceux des autres) ;*
- **les forces de la justice** (forces permettant une vie en société saine et harmonieuse) : *justice, capacité à diriger (organiser des activités de groupe et veiller à ce qu'elles se produisent), esprit d'équipe ;*
- **les forces de la tempérance et de la modération** (forces qui protègent contre les excès) : *pardon, humilité, prudence, maitrise de soi ;*
- **les forces de la transcendance** (forces qui forgent des connexions avec l'univers plus large et qui fournissent un sens à la vie) : *appréciation de la beauté, gratitude, espoir, humour, spiritualité (recherche du sens de la vie).*

À noter que ces forces – universelles car présentes dans toutes les cultures et zones du globe – sont toutes présentes en chacun de nous. Il n'y a pas de forces absentes. **Il y a seulement des forces prédominantes** : les 5 à 8 les plus développées représentent notre signature personnelle qui est globalement stable dans le temps, même si le contexte peut influencer leur développement.

C'est pourquoi on les appelle aussi **les forces de signature. Ce sont les forces de signature qui nous donnent de l'énergie et nous permettent de mieux réussir.**

• Pourquoi identifier et développer les forces des enfants ?

En milieu scolaire, un travail autour des forces favorise notamment le bienêtre, les compétences relationnelles, la réussite et la réduction des comportements-problèmes[34].

Les forces viennent contrecarrer notre biais de négativité, notre tendance à nous concentrer sur ce qui ne va pas ou ne fonctionne pas, à consacrer beaucoup de

---

33. Seligman M. E., et Peterson C., *Character Strengths and Virtues : A Handbook and Classification* (Vol. 1), American Psychological Association, 2004.

34. Gale N. K., Heath G., Cameron E., Rashid S., et Redwood S., « Using the framework method for the analysis of qualitative data in multi-disciplinary health research », *BMC medical research methodology,* 13(1), 2013, p. 1-8.

temps à remédier à nos faiblesses. Les forces, ce serait comme un nouveau langage qui permettrait à tout le monde – puisque tout le monde a des forces – de se connaitre vraiment, de parler de soi sous un jour positif, sans vantardise, de s'appuyer sur elles pour gérer ses faiblesses, de (re)connaitre l'autre à travers le prisme de ses forces.

Les forces nourrissent la connaissance de soi et des autres, la confiance en soi, elles renforcent la motivation et construisent la résilience. Elles sont essentielles pour l'entrée dans les apprentissages, puisqu'elles permettent aux élèves d'aborder un sujet qui leur parait difficile. Elles favorisent une acceptation et le respect de la diversité de chacun et donc la bienveillance et la coopération au sein de la classe.

Cette perspective, qui est peut-être nouvelle pour vous, ne signifie aucunement qu'il faille mettre de côté nos faiblesses qui méritent toute notre attention. Mais il faut comprendre que notre plus grand potentiel se situe dans le domaine de nos forces et qu'investir dans nos faiblesses pourra, au mieux, faire passer notre performance de « passable à convenable », rarement de « passable à excellente ».

Il appartient à chacun dans une école de faire en sorte que ce langage des forces se développe le plus tôt possible et au quotidien, car « tout être humain est un trésor inexploité possédant un potentiel illimité » (Muhammad Yunus).

• Comment identifier et développer les forces des enfants ?

Voici différents axes permettant de travailler les forces avec ses élèves :

- **Comprendre ce que sont les forces**, en repérant et en expliquant les forces développées par les élèves en classe, celles des héroïnes et des héros des histoires lues, des chansons, etc.
  Un outil intitulé « Autour des forces » est proposé en téléchargement à partir des ressources numériques. Le choix a été fait de retravailler le vocabulaire et de privilégier douze forces accessibles et compréhensibles par les enfants de maternelle. Cette liste n'est pas exhaustive et vous pouvez choisir d'aller explorer d'autres forces qui ne sont pas proposées dans l'outil, mais qui font partie des 24 forces universelles citées plus haut. Vous pouvez au contraire limiter l'exploration à quelques-unes (4 ou 5 par exemple).
- **Identifier ses propres forces** comme celles des autres camarades, celles du groupe classe, d'une équipe, d'un projet, etc.
  Identifier les forces des autres, échanger avec eux sur les forces reconnues de chacun permet de se rendre compte de sa singularité, de ses différences, de ses richesses et complémentarités.
  En maternelle, il est important d'associer à ce travail le corps et les ressentis. En effet, il s'agit de prendre conscience de la manière dont on se sent en les mobilisant, la manière dont on les déploie dans son quotidien pour amener pas à pas à une meilleure connaissance de soi.
  Exemple : « Tu as utilisé la force de la persévérance et tu as fini par réussir à la

faire cette tour de Kapla. Bravo ! Comment te sens-tu ? Excité, fier, heureux ? Tu as ton cœur qui bat vite ? Tu as envie de partager ta joie ? »

- **Les aider à développer et à utiliser leurs forces au quotidien,** en mobilisant le plus souvent possible leurs forces les plus développées et en travaillant celles qui sont moins développées. Par exemple, avant une activité, vous pouvez demander de quelles forces les élèves auront besoin pour la mener à bien. Vous pouvez aussi organiser des ateliers en fonction des forces de chacun. Il est aussi possible, le matin, d'inviter chacun à utiliser une de ses forces au moins une fois dans la journée ou à s'appuyer sur l'une d'elles pour gérer une difficulté.
- Et enfin, cultiver les forces au quotidien dans la classe et en dehors, pour développer un nouveau langage commun !

Rendez-vous aux chapitres 1 (p. 78), 2 (p. 84) et 5 (p. 160) pour explorer de nombreux rituels permettant d'identifier et de développer les forces de caractère des enfants.

Les compétences émotionnelles

**« Personne ne peut fuir son cœur.
C'est pourquoi il vaut mieux écouter ce qu'il dit. »**

Paulo Coelho

• Qu'est-ce qu'une émotion ?

Une émotion est une réaction de l'organisme à un évènement extérieur, et qui comporte des aspects physiologiques, cognitifs et comportementaux[35]. **Les émotions, qui sont fugaces et subjectives, ne sont ni négatives ni positives en soi.** Elles prennent une tonalité agréable ou désagréable selon la représentation qu'on leur donne ou le contexte dans lequel elles surviennent[36]. **On peut donc préférer utiliser les termes d'émotions « agréables » et « désagréables ».** Par exemple, la colère peut être associée à un comportement violent ou blessant, mais elle peut aussi encourager la personne qui se sent en colère à exprimer ses besoins et à changer une situation dont elle n'est pas satisfaite. En ce sens, la colère n'est pas une émotion négative.

Si les émotions sont des expériences subjectives, on distingue cependant des émotions innées, présentes chez tous les individus : la joie, la peur, la colère, la tristesse auxquelles on peut ajouter le dégout, la surprise et l'amour. Autour de ces émotions universelles, il existe un vaste panel d'émotions qui provient de leur

35. Lecomte J., *Introduction à la psychologie positive*, Dunod, 2014.
36. Siaud-Facchin J., *Tout est là, juste là : méditation de pleine conscience pour les enfants et les ados aussi*, Odile Jacob, 2014.

combinaison avec des variations d'intensité. On parle d'émotions mixtes comme la jalousie, la fierté, etc.

Ces émotions expriment un besoin à satisfaire. C'est pourquoi il est important de les accueillir, de les reconnaitre et de les exprimer pour répondre au mieux à ce besoin. La peur, par exemple, exprime le besoin de protection, la tristesse le réconfort, la joie le partage, etc. Laissons donc les émotions jouer leur rôle et nous guider. En ayant bien en tête que si nous n'avons pas le contrôle sur l'émotion que nous ressentons, nous avons le choix de notre réponse.

• Pourquoi apprendre aux enfants à réguler leurs émotions ?

L'école est le lieu où l'émotion peut constituer « une entrave ou au contraire une aide forte à l'acquisition[37] ». Elle devient ainsi une variable non négligeable du processus d'apprentissage et de la réussite scolaire. **Les neurosciences affectives et sociales ont montré combien les émotions jouent un rôle central dans l'apprentissage et dans les relations sociales**. Comme le souligne Catherine Gueguen, elles ont une place primordiale dans nos vies, puisqu'elles nous permettent notamment de nous connecter aux autres, d'identifier nos besoins, elles nous aident à penser, à faire des choix, à décider et à agir.

L'état émotionnel des élèves influence la perception de leurs compétences et leur confiance en soi. Généralement, plus un enfant perçoit les compétences qu'il maitrise pour atteindre un but, plus les émotions et les états physiologiques sont positifs et inversement.

Seulement, l'enfant n'a pas la capacité de gérer et de maitriser les émotions qui affluent en lui, il faut donc l'y aider. Le cerveau atteint sa maturité vers 25 ans. Les réseaux neuronaux du jeune enfant ne sont pas complets et le cortex préfrontal n'est pas en mesure de jouer son rôle de régulateur des émotions fortes[38].

La recherche a montré que les enfants qui ont bénéficié d'un entrainement émotionnel sont plus aptes à retrouver leur calme, apprennent plus efficacement, se sentent mieux et sont plus optimistes[39]. Apprendre à l'élève à reconnaitre ses émotions, c'est donc lui permettre de surmonter le stress, gérer son agressivité, exprimer ses affects et ainsi avoir un impact sur son comportement social. Par ailleurs, un enfant qui refoule ses émotions, ses peurs, qui ne peut pas manifester sa joie ou sa colère, n'apprend pas à tenir compte de ce que lui ou les autres ressentent. Il développe plus difficilement de l'empathie et de la bienveillance, pour lui-même et pour les autres. Un enfant qui apprend à reconnaitre ses émotions et à comprendre le besoin exprimé par son corps arrive mieux à s'adapter et à comprendre ce qui compte pour lui mais aussi pour les autres. Ainsi, cet apprentissage lui permet de développer son intelligence émotionnelle.

---

37. Cuq J.-P., *Dictionnaire de didactique du français langue étrangère*, Clé international, 2003.
38. Siegel D., *Le cerveau de votre enfant*, Les Arènes, 2015.
39. Desseilles M., et Mitrolajczak M., *Vivre mieux avec ses émotions*, Odile Jacob, 2013.

L'importance de l'intelligence émotionnelle aux côtés d'autres intelligences plus académiques reconnues depuis longtemps n'est désormais plus à démontrer.

Freins ou leviers, les émotions sont omniprésentes en classe. L'objectif du développement des compétences émotionnelles est d'en faire des alliées au quotidien.

- **Comment apprendre aux enfants à identifier et réguler leurs émotions ?**

Vous ne pouvez pas agir sur cet état émotionnel qui est une source intrapersonnelle. Vous pouvez cependant vous interroger sur comment vous-même gérez vos émotions et comment vous allez construire un environnement d'apprentissage favorisant un état émotionnel positif chez vos élèves.

Une fois encore, plus vous êtes ouvert aux émotions, plus vous aurez la capacité à percevoir les émotions de vos élèves. Plus vous pensez que les émotions ont un effet sur les apprentissages, plus vous allez en tenir compte. Et cela vaut autant pour les émotions désagréables, qu'on a plutôt tendance à diaboliser, que pour les émotions agréables qu'on a plutôt tendance à banaliser, alors qu'elles représentent un formidable levier pour l'apprentissage. **La peur d'échouer peut paralyser l'apprentissage, la joie d'une réussite le facilite.**

Alors, comment créer ce climat de classe permettant de développer un état émotionnel positif chez vos élèves ? En accueillant, par le regard et/ou le geste, l'émotion de l'enfant avec respect et non-jugement, en l'aidant à mettre des mots sur ses ressentis, à développer son langage émotionnel (à l'aide d'albums, de jeux de rôle, de jeux langagiers), en créant des espaces de parole pour qu'il puisse les exprimer, en lui donnant des techniques pour percevoir ses émotions et les apaiser, en l'aidant à réorienter son attention sur toutes les émotions agréables, comme la joie d'apprendre, le plaisir des découvertes et la fierté de réussir.

Comme l'objet de cet ouvrage est de privilégier le développement des compétences sociales et émotionnelles principalement grâce aux apports de la recherche en psychologie positive, le choix est de se concentrer sur la mise en place de rituels favorisant le développement des émotions agréables.

Barbara Fredrickson, dans sa théorie des émotions agréables[40], explique que les émotions agréables contribuent à notre équilibre, à notre développement personnel et ont un effet à long terme. **Quand des enfants vivent des émotions agréables, comme la joie par exemple, ils ont en effet tendance à être plus créatifs, à se faire plus facilement des amis, à jouer, à être plus ouverts d'esprit, attentifs et actifs.**

Les émotions agréables sont un formidable carburant pour la vie et pour les apprentissages. L'objectif des rituels proposés dans les différents chapitres est de réorienter l'attention des enfants vers leurs émotions agréables et d'augmenter leurs fréquences pour en maximiser les bienfaits. Parmi ces émotions agréables, la gratitude est mise à l'honneur.

---

40. Fredrickson B. L., « The role of positive emotions in positive psychology: the broaden-and-build theory of positive emotions », *American Psychologist*, 56(3), 2001, p. 218.

Rendez-vous aux chapitres 1 (p. 62) 3, 4 et 5 pour découvrir les rituels émotionnels.

La gratitude

« La vraie découverte ne consiste pas à chercher de nouveaux paysages mais à changer de regard. »

Marcel Proust

• Qu'est-ce que la gratitude ?

La gratitude, c'est une émotion agréable, une force aussi, voire un état d'esprit. Cultiver un état d'esprit de gratitude, c'est ne rien prendre pour acquis. **C'est réorienter notre cerveau et donc notre attention sur ce qui nous fait du bien et sur ce qu'il y a de positif en nous et autour de nous. C'est ce qu'on appelle l'orientation reconnaissante[41].**

On peut exprimer de la gratitude envers quelqu'un, envers la vie ou envers une personne pour quelque chose en particulier. La gratitude peut aussi juste être cultivée en soi, sans nécessairement concerner les autres.

La gratitude, c'est la capacité à reconnaitre et apprécier l'extraordinaire mais aussi les petites choses du quotidien. C'est apprécier ce qui est, ce que l'on fait, ce que l'on a : un coucher de soleil, le bonjour d'un collègue, le petit-déjeuner préparé par son enfant, le fait d'exercer un métier que l'on aime et qui a du sens pour soi, les progrès d'un élève, les mots touchants d'un parent, etc.

Exprimer sa gratitude est un véritable moteur de bienêtre avec un effet contagieux[42] :

- **pour soi :** quand on prend le temps de réfléchir à ce pour qui ou pour quoi on a de la gratitude, de nombreuses choses qui auraient pu passer inaperçues peuvent rapidement affluer à l'esprit ;
- **pour le groupe :** en exprimant en public sa gratitude envers quelque chose ou quelqu'un, les autres individus ont également tendance à ressentir de la **reconnaissance et à vouloir la manifester ;**
- **pour celui qui reçoit l'expression de la gratitude.**

Chaque individu possède cette tendance naturelle plus ou moins forte à éprouver de la gratitude.

41 et 42 Shankland R., *Les Pouvoirs de la gratitude*, Odile Jacob, 2016.

Pourquoi développer la gratitude ?

Les bienfaits de la gratitude sont nombreux, tant sur les plans physique et mental que social[43].

Les études montrent que la gratitude est liée au bienêtre, aux émotions positives, agréables, à l'estime de soi, aux relations interpersonnelles plus soutenantes et altruistes, à la satisfaction par rapport à la vie et à la scolarité.

• Comment développer la gratitude ?

Il s'agit d'apprendre aux enfants à réorienter leur attention sur les évènements agréables du quotidien, à remercier les personnes qui les entourent (les enseignants, les Atsems, les autres enfants, les animateurs...), à exprimer leur reconnaissance à l'aide de rituels pour cultiver la gratitude et l'exprimer : merci du cœur, merci relationnel (pour soi ou envers autrui), merci pour la vie, la nature, pour une découverte, pour les apprentissages, etc. Ces rituels ludiques libèrent aussi de nombreuses émotions agréables et permettent aux enfants de vivre un moment de partage unique.

Rendez-vous aux chapitres 1 (activité des petits cailloux, p. 76), 4 et 5 pour explorer de nombreux rituels permettant de développer la gratitude des enfants.

La gentillesse

« La gentillesse est le langage qu'un sourd peut entendre et qu'un aveugle peut voir. »

Mark Twain

• Qu'est-ce que la gentillesse ?

La gentillesse, c'est montrer de l'affection, agir de manière désintéressée, gratuite, prendre soin de l'autre pour son bien, aider sans rien attendre en retour. C'est être attentif à l'autre, non pour ce qu'on peut en tirer mais pour ce que cette personne peut en retirer. Cet élan du cœur se traduit par une attention bienveillante à l'autre, une réelle empathie du vécu émotionnel de l'autre et se poursuit par la mise en œuvre d'actes altruistes.

Par ailleurs, cet élan du cœur, cette attention est aussi essentielle envers soi. Et dans ce cas, on parle de bienveillance vis-à-vis de soi-même. La gentillesse est donc une compétence au cœur de la relation à l'autre et dans la relation à soi. Elle nécessite également de savoir poser ses limites, de se respecter et de savoir dire non. Être gentil et bienveillant est une force quand on l'associe à d'autres compétences comme la conscience et l'affirmation de soi.

---

43. Shankland R., *Les Pouvoirs de la gratitude*, Odile Jacob, 2016.

Pourquoi développer la gentillesse ?

La gentillesse agit comme un virus positivement contagieux, avec des effets vertueux qui se propagent, permettant de cultiver la paix sur son chemin, de rendre heureux et de contribuer à un bon état de santé. Elle renforce notamment le sentiment de connexion à l'autre, de contribution positive qui marque une différence au sein d'une relation ou d'un groupe et elle favorise la coopération.

La gentillesse a un effet sur le récepteur et le donneur : c'est donc une magnifique compétence à favoriser !

• Comment développer la gentillesse ?

En classe, la vie de tous les jours offre de nombreuses opportunités qui permettent de la développer. Il est important de faire varier les actes pour qu'ils conservent leurs saveurs et tout leur sens[44]. Les repérer, les identifier, les partager permet de démultiplier leurs effets, alors ne nous privons pas de les célébrer. Un enfant aide un camarade à ranger ses affaires, propose à un autre de jouer, partage son gouter, vous prépare une surprise… autant d'occasions de valoriser cette force qu'est la gentillesse et d'inspirer chacun. Une attention particulière à ces petits gestes du quotidien impacte considérablement le climat de la classe et remplit les réservoirs de ressources de chacun.

Rendez-vous au chapitre 4 (p. 150) pour explorer de nombreux rituels permettant de développer la gentillesse des enfants.

L'écoute

« Quand j'ai été écouté et entendu, je deviens capable de percevoir d'un œil nouveau mon monde intérieur et d'aller de l'avant. Il est étonnant de constater que des sentiments qui étaient parfaitement effrayants deviennent supportables dès que quelqu'un nous écoute. Il est stupéfiant de voir que des problèmes qui paraissent impossibles à résoudre deviennent solubles lorsque quelqu'un nous entend. »

Carl Rogers

• Qu'est-ce que l'écoute ?

L'écoute est fondamentalement au cœur de l'apprentissage et de la relation entre les individus. Et pourtant, elle se retrouve souvent et involontairement négligée.

44. Lyubomirsky S., *Comment être heureux et le rester*, Marabout, 2008.

Lorsqu'une personne (émetteur) s'adresse à une autre (receveur), il y a différents niveaux de communication qui vont représenter une place plus ou moins importante du message capté par le receveur. La communication verbale d'un côté, c'est-à-dire les mots qu'on prononce, et la communication non-verbale de l'autre, qui représente la part la plus importante. Elle se compose des gestes, des attitudes, des mimiques ou micro-expressions du visage qui tiennent une grande place dans un échange.

Adopter une écoute active, c'est écouter en prenant en compte l'ensemble de ces paramètres, englobant ainsi une dimension intellectuelle et émotionnelle. Cela permet de capter au plus juste l'ensemble du message de l'émetteur. Par ailleurs, ce dernier, en étant ainsi écouté et reconnu, avance dans son processus intérieur, trouve par lui-même les prochaines étapes à mettre en place, une idée, une perspective, un apaisement. Dans l'écoute active, l'émetteur a quelque chose à me dire qu'il ne me dira que si je m'intéresse à lui, et pas seulement à son message. **L'écoute active, grâce à sa bienveillance et à son absence de jugement, permet à l'autre d'être écouté et entendu, de se dire et de se révéler à lui-même. C'est une forme d'écoute bienveillante.**

• Pourquoi développer l'écoute des enfants ?

L'écoute fait partie intégrante de tout apprentissage et les élèves s'en servent dans de nombreuses situations : pendant les activités de groupe, les rituels, l'explication des consignes, la lecture d'histoires, la répétition de chansons, etc.

Elle permet d'augmenter la confiance en soi de son interlocuteur, de nourrir de meilleures relations avec les autres, de coopérer, de faire preuve d'empathie et de tolérance. Elle aide à gérer les conflits, à anticiper et à comprendre les besoins de l'autre, à prendre du recul et à trouver plus facilement des solutions.

• Comment développer l'écoute des enfants ?

La meilleure manière de développer cette capacité chez les enfants est de soi-même les écouter. Écouter l'enfant pour aider l'élève, comprendre ses besoins, le reconnaitre, le valoriser et nourrir sa confiance en soi. C'est le considérer comme une personne à part entière, se mettre à sa hauteur, se rendre disponible, travailler ses capacités d'empathie et d'attention, lui donner du temps pour réfléchir et vouloir l'aider.

Voici quelques principes de l'écoute active théorisée par Carl Rogers, qui permet de reconnaitre son interlocuteur, ainsi que ses émotions et ses pensées. Des principes à s'appliquer à soi-même et à développer avec ses élèves :

- Montrer des signes de disponibilité, d'intérêt, d'empathie.
- Adopter une attitude neutre et bienveillante : suspendre ses jugements, sa tendance à interpréter, à donner des conseils.
- Accueillir les émotions, les sentiments, les actes et les pensées.

- Laisser la place au silence dans la conversation. Ce silence est un espace de résonance qui offre à l'autre la possibilité de rebondir, de poursuivre son partage.
- Accompagner éventuellement la discussion de questions ouvertes pour permettre à l'autre d'élargir le champ, d'approfondir certains aspects, d'ouvrir d'autres perspectives.

Pour un élève, apprendre à écouter, c'est aussi développer ses capacités d'attention (chapitre 3) et de mémoire. C'est être capable de reformuler une consigne, savoir attendre son tour pour parler, accepter que l'autre ait des idées et des sentiments différents des siens, etc.

Pour faire preuve d'empathie envers quelqu'un et pour comprendre ce qu'il ressent, il faut d'abord l'écouter correctement et vraiment. C'est pourquoi ces deux compétences d'écoute et d'empathie sont très liées et développées l'une après l'autre, voire l'une avec l'autre, dans le chapitre 4.

Rendez-vous au chapitre 4 pour explorer de nombreux rituels permettant de développer l'écoute des enfants.

L'empathie

« L'empathie est une qualité d'écoute et de présence à l'autre, à ses sentiments et à ses besoins, sans vouloir l'amener quelque part et sans se souvenir du passé. »

Marshall Rosenberg

• Qu'est-ce que l'empathie ?

L'empathie est la capacité de se mettre à la place d'autrui, de se représenter ce qu'il ressent et/ou pense. C'est la capacité de le vivre à l'intérieur de soi comme si on était l'autre, tout en ayant bien conscience qu'il s'agit du vécu de l'autre et non du sien. On essaie d'être objectif et de ne pas chercher à résoudre le problème des autres. Là encore, le non-jugement et une certaine distance sont de mise.

Arrêtons-nous sur les mots-clés de cette définition avant de poursuivre[45] [46] [47] :

- **« Ressentir »** : ce terme permet de souligner les deux composantes de l'empathie :

45. Narme P., Mouras H., Loas G., Krystkowiak P., Roussel M., Boucart M., et Godefroy O., « Vers une approche neuropsychologique de l'empathie », *Revue de neuropsychologie*, 2(4), 2010, p. 292-298.
46. Chapelle G., « Neurosciences. Les mécanismes de l'empathie, entretien avec Jean Decety », *Sciences Humaines*, 150, 2004, p. 1-4.
47. Junier H., « L'empathie modifie le cerveau des enfants », entretien avec Catherine Gueguen, 2018.

- L'empathie affective : il s'agit de notre capacité à ressentir les émotions des autres. On parle de contagion émotionnelle. Ce processus implique les fameux neurones miroirs[48]. C'est cette empathie émotionnelle qu'on peut développer en maternelle avec ses élèves car elle est en quelque sorte innée, présente dès la naissance et non consciente.
- L'empathie cognitive est quant à elle une capacité consciente qui se met en place plus tardivement chez l'enfant. Elle implique la **conscience de soi, la prise de perspective et des processus de régulation.** L'individu se représente ce que l'autre est en train de vivre, sa souffrance, par exemple, mais ne la subit pas. Il n'y a pas de confusion entre soi et l'autre.

– **« Le vivre à l'intérieur de soi »** : une personne empathique est capable de s'approprier et d'intérioriser les émotions de l'autre. L'empathie est différente de la sympathie. Une personne sympathique prend en compte la situation de l'autre sans forcément l'intérioriser. Il y a une distance émotionnelle. L'empathie nous permet d'être plus en lien avec l'autre.

– Les termes **« comme si »** invitent à une distinction claire entre le vécu de l'autre et le sien, qui est essentielle. **Lorsqu'il y a confusion, on parle de détresse empathique, qui mène à un repli sur soi et non à un comportement pro-social.**

– Les termes **« non-jugement »** et **« être objectif »** soulignent l'importance de la qualité de la présence à l'autre, de l'écoute et de l'intérêt sans adopter une posture de sauveur.

• Pourquoi développer l'empathie des enfants ?

Éduquer ses élèves à l'empathie (émotionnelle en maternelle) est primordial, car cette habileté est au cœur de la relation. Elle représente le socle d'un climat de classe serein et permet le développement d'autres compétences sociales comme l'écoute, l'assertivité, la coopération, ainsi que des compétences émotionnelles. En effet, pour pouvoir se mettre à la place de l'autre et ressentir ses émotions, encore faut-il pouvoir comprendre ce que sont les émotions, les connaitre, les identifier, les exprimer et les utiliser.

Le psychiatre et psychanalyste Serge Tisseron affirme que **la meilleure manière de développer la capacité d'empathie d'un enfant, c'est de lui montrer de l'empathie.** Développer l'empathie dans sa pratique pour développer l'empathie de ses élèves procure de nombreux bienfaits :

– D'après Catherine Gueguen, « l'empathie que va recevoir un enfant va modifier en profondeur son cerveau affectif et intellectuel, les molécules qu'il sécrète, les neurones, la myéline, les structures cérébrales, l'expression de ses gènes...

---

48. Rizzolatti G., et Sinigaglia C., *Les Neurones miroirs*, traduit de l'italien par Marilène Raiola, Odile Jacob, 2008.

Cela va également favoriser ses capacités cognitives telles que sa compréhension, sa mémoire, ses apprentissages, sa motivation, sa créativité[49] ».

– Enseigner de manière empathique permet aussi à l'enfant de développer cette capacité et de renforcer ainsi ses liens avec autrui, en nourrissant son besoin d'être compris, son sentiment d'appartenance et son besoin de reconnaissance. Cette capacité lui permet de mieux comprendre l'autre, de se nourrir de ses expériences et favorise l'absence de jugement, l'entraide et la coopération.

• Comment développer l'empathie des enfants ?

Être empathique pour développer l'empathie de ses élèves, c'est prendre en compte leurs émotions ainsi que leurs ressentis corporels, c'est créer des relations privilégiées avec chacun d'eux. Comment ? En s'intéressant à eux, à leur histoire à leurs vulnérabilités, en leur faisant prendre conscience de leurs forces, en valorisant leurs progrès, en les aidant à s'exprimer et en leur permettant d'exprimer ce qu'ils ressentent, en n'étant pas vous-même dans le jugement, en les invitant à se mettre à la place des autres, à commencer leurs phrases par « je », en travaillant l'écoute, etc.

En la matière, Catherine Gueguen offre de nombreux éclairages dans son ouvrage *Heureux d'apprendre à l'école*[50].

Rendez-vous au chapitre 4 (p. 136) pour explorer de nombreux rituels permettant de développer l'empathie des enfants.

Abécédaire des CSE[51]

Voici un outil pour se remettre en mémoire les messages clés de cette introduction avant de se lancer dans les rituels. Vous pourrez aussi le télécharger à partir des ressources numériques.

---

49. https://www.scienceshumaines.com/l-empathie-modifie-le-cerveau-des-enfants-entretien-avec-catherine-gueguen_fr_39317.html
50. Gueguen C., *op. cit.*
51. Outil proposé par ScholaVie © 2025.

L'ABÉCÉDAIRE DES COMPÉTENCES SOCIALES ET ÉMOTIONNELLES

A **Approche** : une approche globale pour s'adapter aux événements et situations du quotidien

B **Bienêtre** : les compétences sociales et émotionnelles (CSE) pour atteindre un état de bienêtre global

C **Compétences** : les CSE se cultivent au quotidien, ce sont des compétences ou des capacités

D **Démarche** : une démarche expérientielle, participative, régulière et durable est requise

E **École promotrice de santé** : une approche positive de promotion de la santé et du bienêtre au service de la réussite de tous

F **Formation des équipes** pour les aider à (continuer de) développer ces compétences dans leurs pratiques et leurs postures

G **Gestion du stress et des émotions,** pour en faire des alliés dans l'apprentissage

H **Habiletés dans les relations interpersonnelles,** pour un climat de classe favorable aux apprentissages

I **Invitation** à continuer de grandir dans sa posture

J **Jeune** : il n'y a pas d'âge pour apprendre les CSE, mais plus on commence jeune, plus c'est efficace

K **Kif** : les activités pour développer les CSE sont ludiques et souvent vécues comme des « kifs » par les élèves

L **Lutte** : développer les CSE, un moyen de lutter contre les inégalités ; **liberté** dans le choix de ses attitudes et comportements

M **Mobilisation** de tous les membres de la communauté éducative, **mutualisation** des énergies et des synergies

N **Nouveau** paradigme pour certains**, nouvel** apprentissage, re**nouveau** de sa pratique

O **Œuvrer** tous ensemble à ce changement de paradigme

P **Processus** dynamique et **participatif** qui s'installe dans la durée

Q **Quotidien** : une approche et une posture dans le quotidien de chacun

R **Résilience** : une compétence à développer au quotidien comme la **résolution de problèmes**

S **Socle** : le socle commun de connaissances, de compétences et de culture, un cadre au développement des CSE

T **Temps** : cet apprentissage des CSE demande du temps avant de pouvoir en mesurer les effets

U **Utile** : les CSE, des compétences et des ressources qu'on apprend tout au long de la vie, à l'école et en dehors

V **Validée** : une approche validée aux bienfaits scientifiquement démontrés sur la santé, l'épanouissement, le bienêtre et la réussite

W **Wahou** : c'est l'effet que procure l'apprentissage des CSE sur les élèves et les équipes pédagogiques

X **Xième** fois qu'on vous le répète peut-être, le développement des CSE à l'école est une priorité

Y **Y'a plus qu'à,** ensemble on est plus forts !

Z **Zoom** sur les CSE, zéro temps à perdre, avec un zest, on y arrivera !

Rituels pour développer les CSE

Rituels pour commencer la journée

Les rituels pour commencer la journée sont des rituels de transition. Ils marquent le passage entre la vie à la maison et la vie à l'école, un temps où l'enfant devient élève. Ils sont aussi des rituels d'accueil et de politesse permettant à chaque élève d'être reconnu, de prendre sa place dans le groupe, d'accueillir et de rencontrer les autres en leur disant bonjour. Ils sont essentiels car ils donnent la tonalité de la journée et posent le cadre des apprentissages.

Remarque : **Lorsque aucun niveau de classe est indiqué, c'est que le rituel en question peut être proposé à tout niveau du cycle, en petite, moyenne ou grande section.**

Chaque chapitre de cet ouvrage est introduit en chanson avec la proposition d'une comptine. Les comptines ont une place importante en maternelle car elles revêtent de nombreux intérêts pédagogiques. En plus d'aider l'élève à acquérir des connaissances et développer ses CSE, elles lui permettent de stimuler sa curiosité et de développer son langage, sa mémoire, son écoute, son attention et sa concentration. Elles favorisent les relations avec les autres élèves du groupe et nourrissent un sentiment d'appartenance et de cohésion.

C'est parce que les rituels de ce chapitre sont des rituels de transition et de politesse que la première comptine proposée permet à chacun de se dire bonjour et d'être accueilli et reconnu.

Vous pouvez télécharger l'ensemble des textes et les audios de la plupart des comptines proposées dans l'ouvrage.

1 Chanson pour se dire bonjour[1]

Sur l'air de : « Coucou hibou »

Dans notre classe de PS/MS/GS
On entend les coucous
On aime se dire bonjour
Sans faire les p'tits fous
Coucou, coucou
À toi et puis à vous

Coucou, coucou
À toi et puis à vous
Dans notre classe de PS/MS/GS
On entend les coucous
On aime se dire bonjour
Sans faire les p'tits fous

SCHOLAVIE

1. Seul le texte de cette chanson est téléchargeable dans les ressources numériques. La version audio n'est pas proposée.

1 | Rituels d'accueil, de salutation et d'appel

Être accueilli et reconnu, prendre sa place et saluer chacun ainsi que l'ensemble du groupe est indispensable pour commencer la journée du bon pied et lui donner une tonalité positive.

Objectifs

- Organiser la transition avec la vie familiale.
- Accueillir chacun.
- Se saluer et signifier sa présence.
- Prendre sa place dans le groupe.

Les rituels proposés ci-dessous sont des salutations collectives, hormis le premier rituel « Bonjour ! » qui est une salutation individuelle.

A | Bonjour !

Rituel individuel pendant le temps d'accueil, panneau recensant en images différentes manières de se saluer.

En arrivant le matin, l'élève est invité à choisir une manière de vous dire bonjour, parmi celles qui sont proposées sur un panneau à l'entrée de la classe.

> **Exemples :** un sourire, un mot (bonjour), une poignée de main, un coucou de la main, une salutation avec les mains jointes, un câlin, un check du coude ou du poing, une suite de mouvements personnalisés, etc.

Ce panneau peut être réalisé avec l'aide des enfants, d'après leurs suggestions et leurs dessins.

B | La ronde des bonjours

2-5 minutes, enfants placés en cercle.

En cercle, chacun effectue en même temps, le même geste ou une série de deux ou trois gestes simples. Vous pouvez proposer ce mouvement ou cet ensemble de mouvements ou demander à un ou plusieurs enfants de le proposer. Il peut être repris chaque matin pendant une semaine et changé la semaine suivante par exemple.

Exemple d'une suite de mouvements : regard circulaire appuyé, mains jointes devant le cœur, dos qui se courbe.

Variantes

- Le mouvement (ou la série de mouvements) peut être effectué par les enfants, chacun à leur tour.
- On peut assortir un mot à un geste.

  Exemple : « bonjour ! » et mains jointes.
- En cercle, chacun dit son nom et peut être invité à saluer d'une certaine manière ou sous une forme libre.
- En GS, regrouper les enfants par groupes de 3 ou 4. Leur demander d'inventer une chorégraphie, composée de 3 ou 4 gestes : chaque enfant du groupe en propose un. Chaque groupe montre sa chorégraphie aux autres groupes qui peuvent être appelés à la reproduire.

Prolongements

- Une, plusieurs ou toutes les chorégraphies pourraient être reproduites à chaque séance de motricité pendant une durée déterminée, sur un fond musical par exemple.
- Cette chorégraphie pourrait constituer un des éléments d'un spectacle devant les parents, devant les élèves d'une classe voisine, etc. Un moyen de partager avec eux un moment important de leur vie de classe et de libérer de l'énergie comme de nombreuses émotions agréables.
- Vous pouvez aussi inviter les élèves à reproduire une de ces chorégraphies lorsqu'ils en ressentent le besoin, pour capter à nouveau leur attention ou pour retrouver de l'énergie, entre deux activités ou ateliers par exemple !
- Cette chorégraphie des mouvements est donc un rituel pour commencer la journée et se dire bonjour. Mais elle peut aussi être un rituel pour la terminer et se dire au revoir (chapitre 5).

C | La haie d'honneur

5 minutes, deux lignes d'enfants face à face.

Deux lignes d'enfants se tiennent face à face, constituant ainsi une haie d'honneur. Chaque élève traverse cette haie d'honneur en passant donc entre les deux lignes, en prononçant son prénom. Pendant ce temps, les autres élèves applaudissent. Une fois arrivé au bout de la haie d'honneur, l'enfant ainsi accueilli et applaudi se remet en ligne.

Les plus grands peuvent dire leur prénom et citer l'une de leurs qualités.

D | Bonjour toi !

3 minutes, en binômes.

Les enfants sont deux par deux. Ils se saluent d'un geste imposé ou d'un geste libre qu'ils inventent (ou plusieurs gestes).

Variantes

- Une clochette tinte, les binômes changent et ils reproduisent un autre geste, imposé ou libre (ou plusieurs).
- Une clochette tinte, les binômes changent et chaque enfant montre le geste de son précédent binôme et invite l'autre à le reproduire. Ensuite, ce second binôme invente un nouveau geste pour se saluer. Chaque binôme peut ensuite être invité à montrer sa salutation au reste du groupe.

E | « J'appelle »

GS, 3-5 minutes, enfants assis dans le coin rassemblement.

Inviter à se lever (ou à lever la main, le pied, les deux bras, etc.) :

- les enfants dont le prénom commence par telle lettre ;
- les enfants qui ont telle lettre dans leur prénom ;
- les enfants dont le prénom est composé de X lettres ;
- les enfants qui ont tel son dans leur prénom ;
- les enfants qui ont X syllabes dans leur prénom.

F | La ronde des prénoms

Tous niveaux (avec de l'aide pour les PS si besoin), 5-10 minutes, enfants placés en cercle.

Les élèves sont en cercle. Chacun à leur tour, ceux qui le souhaitent avancent d'un pas en disant leur prénom et en l'associant au fruit, au légume, au plat qu'ils préfèrent, à une activité, une chanson, une musique, un livre qu'ils aiment, à une de leurs qualités, à leur couleur ou animal préférés, à « j'aime / je n'aime pas », etc.

Cela permet à chacun d'apprendre à se connaitre, à prendre conscience de sa singularité, à s'affirmer, à être reconnu et à découvrir les autres élèves de la classe. Nous vous invitons à participer à ce rituel qui permet de créer du lien entre les élèves mais aussi avec vous !

2 | Rituels en chansons afin de poser une intention positive pour la journée

Les comptines proposées dans les pages suivantes sont axées sur les émotions agréables qui contribuent au bienêtre individuel et collectif : le sourire, la gratitude, la gentillesse, etc. Elles favorisent la prise de conscience progressive que ce bienêtre individuel et collectif dépend de chacun, de ses actions, de ses comportements et de ses choix. Chacun, dès le plus jeune âge, se révèle acteur et auteur de ses apprentissages mais aussi du bienêtre, le sien comme celui des autres.

Objectifs	- Poser une intention positive pour la journée. - Développer la responsabilité individuelle. - Améliorer le climat de classe.
Durée	5 minutes.
Organisation	En cercle ou en ligne.

A I Comptine des jours de la semaine

2 Comptine (parlée) des jours de la semaine[2]

Lundi, je souris
Mardi, je dis merci
Mercredi, je suis gentil
Jeudi, je dis oui
Vendredi, je grandis
Samedi, je me dégourdis
Dimanche, je retrousse mes manches car tout recommence !

SCHOLAViE

Cette comptine (parlée) permet de poser une intention pour la journée, de donner sa tonalité et d'échanger. Une fois la comptine récitée, vous pouvez interagir avec vos élèves et leur poser des questions pour qu'ensemble, vous formuliez cette intention :

« Aujourd'hui, notre intention est-elle de sourire davantage, de dire plus merci, de se montrer gentil, de dire plus oui (oui mais à quoi ?), de bien grandir (oui mais comment ?), de mieux ranger les livres, les puzzles ? »

B I Comptine du vivre ensemble

Là encore, cette comptine (comme la suivante) permet de mettre en lumière les ingrédients clés des relations positives, de les conscientiser et d'engager les élèves dans le développement de leurs compétences sociales.

3 Comptine du vivre ensemble

Sur l'air de : « Au clair de la lune »

Pour bien vivre ensemble
Toute la journée
Je choisis de rire
Et de m'amuser
Tout en écoutant
Et en respectant les autres
Si j'me montre gentil
Tout le monde me sourit

SCHOLAViE

2. Seul le texte de cette comptine parlée est téléchargeable dans les ressources numériques. La version audio n'est pas proposée.

C | Comptine pour passer une bonne journée

4 Comptine pour passer une bonne journée

Sur l'air de « Passe, passe, passera »

Passe passe passera, la journée,
la journée
Passe passe passera, la journée
des écoliers
Que pouvons-nous faire pour qu'elle
se passe bien ?
Nous pouvons chanter
Et puis nous aider
Nous montrer gentils
Et puis nous sourire
Nous passerons ainsi
Une très bonne journée
Passe passe passera, la journée,
la journée
Passe passe passera, la journée
des écoliers

SCHOLAViE

3 | Rituels pour développer les compétences émotionnelles

Ces rituels vous permettront de prendre la température émotionnelle du groupe dès l'accueil du matin et de répondre aux besoins exprimés par les émotions des uns et des autres. L'arrivée des enfants le matin en maternelle est, comme vous le savez, un moment chargé en émotions : la tristesse ou l'angoisse de la séparation, la colère de se sentir abandonné, l'appréhension de se retrouver seul au milieu d'un groupe, etc. Il est donc important d'accueillir et de reconnaitre ces émotions, d'aider les élèves à les exprimer et à les gérer afin qu'ils soient plus disponibles pour les apprentissages et plus enclins à entrer en relation avec les autres.

Objectifs

- Identifier ses émotions, primaires pour les plus jeunes (peur, joie, colère, tristesse).
- Exprimer l'émotion ressentie en utilisant le vocabulaire adéquat.
- Cultiver l'empathie en accueillant et en reconnaissant les émotions des autres.
- Découvrir et expérimenter des techniques pour apprendre à gérer ses émotions.

A | Chanter pour découvrir les émotions

Pour commencer, vous pouvez inviter les élèves à chanter les émotions ; une manière aussi de les accueillir, de les comprendre, de les exprimer et de les mettre à distance.

Cette première comptine permet d'expliquer le caractère éphémère des émotions et la nécessité d'apprendre à vivre avec. Les accueillir, c'est en faire des alliées, des moteurs dans l'apprentissage et non des freins.

5 Comptine sur les émotions, nos compagnons

Sur l'air de : « Ainsi font font font »

Ainsi font font font
Nos petites émotions
Ainsi font font font
Trois p'tits tours et puis s'en vont

Et elles reviendront
Nos petites émotions
Nous les accueillerons
Pour en faire des compagnons

SCHOLAVIE

Cette deuxième comptine permet d'introduire certaines émotions primaires (la tristesse, la peur et la joie) et de souligner la fréquence et la quantité des émotions qui peuvent se succéder au cours de la journée.

6 Comptine sur les émotions

Sur l'air de : « Dans la ferme à Mathurin »

Dans notre classe de P'tite Section *(ou MS ou GS)*, i, a, i, a, o
Y'a des dizaines d'enfants, i, a, i, a, o
Y'a des filles par-ci, y'a des gars par-là,
Ici des oh, par-là des ah
Partout d'la joie, oie, oie
Dans notre classe de P'tite Section *(ou MS ou GS)*, i, a, i, a, o
Y'a des centaines d'émotions, i, a, i, a, o
Y'a d'la peur par-ci, de la tristesse par-là,
Ici des oh, par-là des ah
Partout d'la joie, oie, oie

SCHOLAVIE

B | La couleur des émotions

Un panneau à fabriquer représentant les couleurs des émotions.

À son arrivée en classe, l'enfant colle sa photo ou son étiquette sur la couleur qui illustre le mieux son émotion : jaune pour la joie ou le bonheur par exemple, rouge pour la colère, etc.

Exemple dans une classe de PS/MS où les enfants ont préparé plusieurs panneaux pour illustrer les différentes émotions, ici la joie.

Ce rituel peut être inspiré de l'album *La Couleur des émotions*[3].

Dans une classe de PS-MS-GS, chaque enfant colle sa photo d'identité sur le personnage et, à côté, l'étiquette qui exprime son émotion en arrivant en classe.

Ce rituel doit bien sûr être préparé en amont avec une présentation des couleurs des émotions, un travail autour des expressions et ressentis de chacune des émotions primaires.

3. Llenas A., *La Couleur des émotions*, éditions Quatre Fleuves, 2017.

Exemple d'activité préparée en amont dans une classe de MS.
Les élèves se sont servis de photos d'enfants trouvées dans les magazines qui expriment les quatre émotions primaires (peur, joie, colère, tristesse). Pour ritualiser cette activité telle que décrite ci-dessus, il conviendrait de remplacer ces photos par celles des élèves qu'ils colleraient à leur arrivée au bon endroit, en fonction de l'émotion ressentie à cet instant-là (d'après la méthode « The RULER approach » [4]).

Variantes

- Au lieu de couleurs, on peut utiliser des smileys. Vous pouvez aussi changer à chaque période pour varier les plaisirs : des émotions exprimées par des couleurs, des smileys, des images choisies par les enfants dans les magazines, des personnages d'histoires lues ensemble, etc.
- Pour exprimer la gradation des émotions, on peut ajouter des tailles différentes de smileys afin que l'enfant puisse comprendre que la même émotion peut avoir plusieurs intensités. Un grand smiley signifie que l'on est très heureux ou très triste, un petit smiley signifie que l'on est un peu heureux ou un petit peu triste, etc.

Exemple pour les images : « J'ai choisi cette image parce qu'il y a plein de couleurs, et quand je me sens joyeuse comme aujourd'hui, c'est comme si j'avais plein de couleurs en moi. » (élève de GS)

• Les ballons des émotions

Gonfler des ballons de baudruche. Sur chacun d'eux, un smiley représente l'émotion. Les ballons peuvent être de couleur. L'enfant touche le ballon correspondant à son émotion à son arrivée.

4. Rivers S. E., Brackett M. A., Reyes M. R., Elbertson N. A., et Salovey P., « Improving the social and emotional climate of classrooms : A clustered randomized controlled trial testing the RULER approach », *Prevention Science*, 14(1), 2013, p. 77-87.

- **Les crayons des émotions**

« Et si tu devais colorier ton émotion ? »

Un pot à crayon est mis à disposition. L'élève est invité à choisir le crayon dont la couleur exprime son émotion.

Élève de GS : « je choisis le crayon orange, car je suis joyeuse mais un petit peu fâchée aussi » (mélange de jaune et de rouge).

Prolongements

- **Peindre les émotions**

Un atelier de coloriage ou de peinture des émotions peut d'ailleurs être mis en place pour préparer ce rituel ou au contraire le prolonger.

Exemple en PS : peindre la colère d'après une musique écoutée en pleine conscience (Symphonie n° 6, Pastorale, « L'Orage », Ludwig van Beethoven).

Exemple en GS : travail sur la joie en arts plastiques. Il s'agissait de reproduire ou de dessiner des œuvres qui expriment la joie.

• Le coussin des émotions ou la mascotte des émotions

4 objets colorés (un coussin, une peluche, etc.) représentant chacun une émotion.

Un objet coloré exprimant chaque émotion primaire est présenté ou choisi avec les élèves. Un objet rouge peut être choisi pour la colère, par exemple, un jaune pour la joie, etc. Ils sont disposés dans un espace dédié comme un coin « émotions », qui rassemblerait tous les outils conçus pour développer les compétences émotionnelles. En arrivant le matin, les élèves peuvent le désigner ou le prendre dans leurs bras pour exprimer leur émotion du moment. Pendant la journée, on peut les inviter à aller cajoler l'objet de leur émotion (si c'est un coussin ou une peluche, par exemple) ou un autre qui répondrait à un besoin.

Exemple en GS :
je m'assois sur le coussin smiley qui exprime mon émotion.

Élève de MS cajolant un coussin exprimant la joie.

Mascotte des émotions dans le coin des émotions d'une classe de PS-MS-GS (inspiré du livre La Couleur des émotions[5]*).* *Voir p. 113 pour l'aménagement d'un coin émotions.*

L'objet ou la mascotte peut même partir en weekend chez un des élèves, pour vivre de nombreuses aventures. Une clé USB peut être accrochée au cou de la mascotte, comme un collier. Les parents y intègrent quelques photos que l'enfant est invité à commenter le lendemain, lors d'un temps de regroupement.

• Le portrait chinois de mon émotion

GS, 5 minutes.

Les élèves forment un cercle. Au moment de l'appel, ceux qui le souhaitent expriment comment ils se sentent. On peut donner une thématique pour ce partage et même proposer des photos pour faciliter l'activité : animal, plante, objet, partie du corps...

Exemples : « Je me sens comme une rose parce qu'elle a des épines », « Je me sens léger comme un papillon », « Je me sens joyeux comme le soleil ».

---

5. Llenas A., *op. cit.*

C I La météo des émotions

MS-GS, pictos ou dessins météorologiques dans une boite.

Des symboles et dessins météorologiques sont utilisés par les enfants pour exprimer leurs émotions le matin, lors de l'arrivée : ciel bleu (calme, détendu), grand soleil (joie), pluie (tristesse, les gouttes de pluie sont les larmes), nuages noirs (peur) et éclairs (colère), soleil qui se cache derrière un nuage (inquiétude).

Ainsi, en arrivant le matin, chacun peut montrer l'image qui exprime son émotion du moment ou coller sa photo dessous. Régulièrement, pendant la journée, vous pouvez inviter les enfants qui le souhaitent à venir modifier leur météo intérieure en changeant la place de leur photo.

Prolongement

• Le thermomètre des émotions

GS, 5-10 minutes, craie, ruban adhésif ou thermomètre.

Au sol, à la craie ou avec un ruban adhésif qui se décolle facilement (ou, si le matériel n'est pas disponible, au tableau), dessiner une ligne verticale avec un + en haut, un – en bas et un 0 au milieu. Un vrai thermomètre peut aussi faire l'affaire bien sûr.

Expliquer qu'il s'agit d'un thermomètre et poursuivre :

« Connaissez-vous cet outil qui sert à prendre la température de l'air ? C'est un thermomètre. Plus il fait chaud, plus la température du thermomètre augmente. On dit qu'elle est positive, car elle est au-dessus de 0. Alors, on peut avoir le besoin de se découvrir, d'enlever son manteau, un gilet, etc. Que se passe-t-il quand il fait très froid ? La température du thermomètre baisse. On doit se couvrir, mettre un manteau et peut-être une écharpe, un bonnet, des gants. Quand la température baisse, elle peut même aller en dessous de 0. On dit alors qu'elle est négative (faire le lien avec la température du jour).

C'est la même chose qui se passe avec les émotions qu'on ressent au long de la journée. Quand elles sont fortes comme une grosse colère, par exemple, la température du thermomètre monte. Elles peuvent être chaudes ou froides, positives ou négatives, agréables ou désagréables et exprimer un besoin, un message.

Il est important d'accueillir ces émotions et d'écouter ce qu'elles ont à nous dire. Pourquoi ? Car ce sont des messagères qui expriment nos besoins. Quand on est en colère par exemple – et on a le droit –, on peut ressentir le besoin de le dire pour se sentir mieux et être aidé. On peut en parler à ses amis, à ses parents, à moi, etc. La colère demande que les choses changent, elle s'exprime quand on n'est pas content ou satisfait de quelque chose. Chaque émotion a quelque chose à nous dire et il faut être bien attentif pour réussir à le comprendre. Savez-vous quel est le message de la tristesse par exemple ? Si on est triste, on a besoin de quoi ? de réconfort, de câlins, d'être rassuré ? Et c'est important de dire quand on est triste, même si on ne veut pas dire pourquoi, pour que ceux qui sont autour de nous puissent nous réconforter, nous aider à être moins triste, à aller mieux. Voilà le message de la tristesse, elle dit : "Réconforte-moi, fais-moi un câlin."

Savez-vous quel est le message de la joie ? Elle dit : "Partage-moi, parle de moi à tes parents, à tes amis, à ton maitre ou à ta maitresse." Par exemple, si vous avez réussi à faire une belle tour de Kapla, vous aurez peut-être envie de partager cette bonne nouvelle avec vos amis, surtout si au début cela a été difficile. Si vous avez eu un petit frère ou une petite sœur aussi.

Le message de la peur, c'est « protège-moi », et quand on la ressent, c'est qu'on ne se sent pas en sécurité. On a besoin d'être rassuré. »

Une fois que les élèves ont compris le fonctionnement de cet outil, on peut les inviter chaque matin à venir se positionner sur le thermomètre à l'endroit de leur émotion, physiquement ou en collant leur photo ou leur étiquette au bon endroit.

> **Exemple :** Romain se place à l'endroit d'une émotion forte sur le thermomètre. L'aider à verbaliser en lui posant des questions : « Tu te sens en colère ? fatigué ? Tu as peur ? » ou au contraire « Tu es très joyeux, très excité ? Est-ce que cette émotion est très forte ? Comment le sens-tu ? Est-ce que tu saurais dire quel est son message ? Que peux-tu faire pour que cette émotion se calme ? Que peut-on faire pour t'aider, etc. ? De quoi as-tu besoin ? »

Vous pouvez prolonger ce rituel en prenant des exemples de situations quotidiennes. Pour chacune de ces situations, demander aux élèves qui le souhaitent de venir se placer sur le thermomètre en fonction de leurs ressentis.

> **Exemples :** Personne ne veut jouer avec moi (température négative basse).
> J'ai réussi quelque chose de difficile (température agréable élevée).
>
> On m'a pris mon ballon et on ne veut pas me le rendre (température négative très basse).
>
> C'est mon anniversaire (température agréable, très élevée).
>
> J'ai perdu mes gants/mon doudou (température négative extrêmement basse).
>
> On fait de la peinture (température moyenne).

Cette activité permet aussi de développer l'empathie des élèves. En effet, pour des situations identiques du quotidien, ils prennent conscience des différentes émotions ressenties.

Exemple : Faire de la peinture peut apporter de la joie à certains, une forte excitation ou au contraire de l'ennui pour d'autres, etc.

D | La chorégraphie des émotions

GS, 5 minutes.

Cet exercice peut être le prolongement de la météo des émotions ou du thermomètre. Mais il peut être réalisé indépendamment, après l'acquisition d'une certaine maturité émotionnelle.

Choisir trois élèves volontaires. Demander à chacun d'eux, les uns après les autres, d'exprimer leur émotion du moment avec un geste. Le premier exprime son émotion par un geste (frappe deux fois dans les mains), le deuxième aussi (tape du pied), puis le troisième (mime un câlin). Ensuite, ils reproduisent ensemble ces trois gestes. Cela forme une chorégraphie que les autres élèves peuvent être invités à reproduire : une manière de développer leur empathie en accueillant les émotions des autres. C'est aussi un exercice de mémoire et de motricité. Plus tard dans la journée, vous pouvez demander aux trois mêmes élèves de refaire la chorégraphie et de la modifier si l'émotion a changé depuis. Cela permet à chacun de prendre conscience de la variabilité des émotions.

Variante

Les élèves volontaires sont invités à exprimer leur émotion avec un geste accompagné d'un mot. Le premier enfant dit son émotion et l'exprime par un geste, puis le deuxième et enfin le troisième. Ensuite, ensemble, ils reproduisent ces trois gestes avec les mots associés.

Exemple : L'enfant 1 « lève les bras (joie) », l'enfant 2 « se voute » (tristesse), l'enfant 3 « bâille » (fatigue).

Une fois la consigne comprise, pendant le cours de motricité par exemple, la classe peut être partagée en groupes de trois élèves. Chaque groupe invente sa chorégraphie des émotions qu'il montre aux autres groupes et les invite éventuellement à la reproduire.

Prolongement

• La danse des émotions

Choisir une émotion et inventer une danse adéquate : la danse de la joie, de la peur, de la colère, etc. L'objectif est d'exprimer cette émotion avec l'ensemble du corps, son visage et des mouvements.

La chorégraphie peut être commune à l'ensemble de la classe. Des élèves proposent des gestes, on les assemble et cela forme une chorégraphie qu'ils reproduisent ensuite. En GS, la chorégraphie peut être conçue par groupes de 3 à 5 élèves. Chaque groupe présente sa danse aux autres groupes qui doivent la reproduire.

La chorégraphie peut être individuelle et guidée (trois mouvements maximum par exemple) et les enfants volontaires la présentent aux autres qui la reproduisent à leur tour.

L'une et/ou l'autre de ces chorégraphies pourra être ritualisée pour commencer et/ou terminer la journée par exemple, avant d'aller en récréation, au début de chaque séance de motricité, etc.

E I La silhouette des émotions

MS-GS, 5-10 minutes, une silhouette collective à télécharger ou à dessiner.

Vous pouvez télécharger la silhouette proposée ou la dessiner au tableau ou sur un panneau. Vous pouvez aussi la concevoir avec vos élèves, en demandant à l'un d'eux de s'allonger au sol sur une grande feuille de papier et à un autre de tracer les contours de sa silhouette avec un feutre.

Aussi, le matin, après le rituel de salutation, vous pouvez inviter l'enfant à exprimer son émotion (avec des mots ou en utilisant les symboles de la météo) et à indiquer l'endroit du corps où il la ressent. Cela lui permet d'associer le nom d'une émotion à un ressenti corporel.

Prolongement

• Le visage des émotions

5 dessins de visages qui expriment des émotions.

En arrivant le matin, l'enfant est invité à montrer le dessin du visage de l'émotion qui correspond le mieux à ce qu'il ressent. Lors d'un atelier organisé ultérieurement, il le décore avec feutres, pâte à modeler, papiers... Si l'émotion a changé, vous pourrez inviter l'élève à choisir un autre visage. Cela l'aidera à prendre conscience que, comme la météo, les émotions passent et changent. Pour les plus grands, vous pouvez les inviter s'ils le souhaitent à dessiner eux-mêmes ce visage.

Exemples de bonshommes émotions, en s'appuyant sur les ouvrages de « Monsieur et Madame[6] », par des élèves de PS-MS : Monsieur (et Madame) content, pas content, joyeux, heureux, etc.

6. Série de livres écrits et illustrés par Roger Hargreaves.

4 | Rituels pour développer des émotions agréables

Les rituels du matin donnent le ton de la journée. Et pour que celle-ci démarre le mieux possible, vous trouverez dans cette partie des rituels qui permettent de vivre de nombreuses émotions agréables qui sont un véritable moteur pour l'apprentissage et un formidable levier pour trouver de l'énergie et être plus attentif.

A | Le partage des bonnes nouvelles

5 minutes, enfants assis ou en cercle.

Pour commencer la journée, il est important de prendre le temps de partager des nouvelles joyeuses, de se réjouir du bonheur des autres, de célébrer les réussites. Quand une bonne nouvelle est partagée, on peut applaudir, inventer ensemble une danse de la joie, chanter une chanson (exemple : « Si tu as d'la joie au cœur », voir p. 102).

Exemples : « Mon petit frère est né », « J'ai réussi à faire mes lacets », « J'ai aidé mon papa à préparer le diner », « J'ai pris mon bain tout seul », « On a maintenant un chien à la maison », « Je suis allée au zoo ce weekend ».

B | Les petits cailloux

GS, cailloux ou graines.

Le matin, proposer aux élèves de mettre environ 3 à 5 petites graines ou cailloux dans leur poche (droite, par exemple). Expliquer que, tout au long de la journée, à chaque fois qu'ils ressentent une émotion agréable et qu'ils le remarquent, ils changent une graine (ou un caillou) de poche (poche gauche). On peut faire la même chose avec les émotions désagréables.

Organiser un retour sur cette expérience en fin de journée. On pourra alors s'amuser à compter le nombre de graines ou de cailloux passés de la poche droite à la poche gauche, se rappeler et partager les occasions où ces émotions ont été ressenties, les sensations et pensées qu'elles ont engendrées, les réactions qui ont suivi, etc.

Attention à vider les poches pour que les graines ou les cailloux ne passent pas à la machine à la maison !

Variantes (tous niveaux)

- **Les deux boites ou bocaux**

Installer deux bocaux transparents ou deux boites dans la classe, l'un rempli de graines (ou de billes ou autres), l'autre vide. Au fur et à mesure que la journée avance, l'élève qui vit une émotion agréable (ou désagréable, au choix, sauf que tout le monde doit avoir la même consigne), va prendre une graine (ou bille) du premier bocal et le mettre dans l'autre bocal. À la fin de la journée, on observe ce qui s'est passé :

« Y a-t-il beaucoup de graines qui sont passées d'un bocal à l'autre ? Oui, cela veut dire qu'il y a eu beaucoup d'émotions agréables vécues. Est-ce que l'un d'entre vous veut bien nous dire pourquoi il a mis une graine dans le deuxième bocal ? »

Apprendre ainsi à réorienter son attention vers les moments plaisants du quotidien nous rend plus heureux, permet de développer notre gratitude et de contrecarrer notre biais de négativité. Plus tôt on apprend à réorienter son attention sur le positif, plus ce sera efficace (voir les rituels de gratitude, p. 145).

• Les bocaux de couleur

Lors d'un atelier en amont, les élèves préparent quatre bocaux remplis de petits papiers colorés. Chacun représente une émotion primaire : joie (jaune), tristesse (bleu), colère (rouge), peur (noir). Le matin en arrivant ou pendant la journée, quand les élèves vivent une de ces émotions, ils sont invités à aller ouvrir le bocal correspondant à cette émotion, choisir un papier et le glisser dans un cinquième bocal (vide), après éventuellement l'avoir montré à des amis ou à l'enseignant pour un partage immédiat. En fin de journée, les enfants comptent les papiers dans le cinquième bocal : « Y a-t-il de nombreux papiers ? Combien ? Quelle est la couleur dominante ? Y a-t-il plus de rouges que de bleus, etc. ? » Et on partage les ressentis.

Pour les grandes sections, on pourrait imaginer pendant le temps de préparation et de conception du bocal de la joie par exemple, toutes les situations et activités qui peuvent leur faire ressentir cette émotion.

Préparation (joyeuse) du bocal de la peur en MS-GS.

5 | Rituels pour s'engager et relever des défis

Dans cette partie, vous trouverez des rituels qui engagent et responsabilisent les enfants dans le bon déroulement de la journée. Il s'agit de les mettre en projet et de les sensibiliser progressivement à l'idée qu'ils sont des agents du bienêtre, du leur et de celui des autres.

Objectifs

- Engager les enfants dans l'apprentissage des CSE.
- Orienter l'attention sur les comportements positifs.
- Favoriser les comportements positifs et prosociaux.
- Engager la responsabilité de chacun dans ce processus.

A | Défis autour des forces de caractère : les superhéros du jour (ou de la semaine)

GS, 10-15 minutes, Outil « Autour des forces ».

Instaurer des rituels autour des forces permet aux enfants d'apprendre à se connaître, de les comprendre, de se les approprier progressivement et de les expérimenter, aussi bien à l'école qu'à la maison.

Introduire le concept de force auprès des enfants

Voir aussi « Le détective des forces », chapitre 2, p. 85.

• À l'aide d'un album

Le concept de force peut être introduit à l'occasion de la lecture d'un conte ou du rappel d'un conte déjà lu.

L'idée est d'en choisir un qui mette suffisamment en lumière les forces développées par les héros au cours de leurs péripéties. À la lecture de ce conte, demander aux élèves de décrire les héros, de nommer leurs qualités, ce qu'on aime chez eux, ce qui leur a permis de régler un problème, etc.

Exemple : Dans *la Belle au bois dormant*, de Charles Perrault, on peut reconnaitre à Aurore la force de la gentillesse. On peut demander aux élèves de raconter des passages de l'histoire où Aurore se montre gentille. Et bien sûr, l'idée est de faire le lien avec leur quotidien et la manière dont ils utilisent ou pas cette force.

« Et vous, pensez-vous avoir cette force ? Comment l'utilisez-vous ? Pourriez-vous donner des exemples ? »

« Moi, je suis gentil car j'aide mes parents à mettre la table. Moi, je suis gentil car je dis toujours bonjour à la voisine. Moi, je suis gentille car j'aide toujours la maitresse à ranger la classe. »

« Et que ressentez-vous quand vous utilisez cette force ? »

« Ça me fait du bien, ça fait plaisir à la personne, j'aime rendre service, ça me rend heureux, etc. »

- **À l'aide de l'outil « Autour des forces »**

En amont, fabriquer le jeu de cartes « Autour des forces » en le téléchargeant.

Les premières fois, montrer les cartes une à une et demander aux enfants de les observer, de les décrire, de se mettre à la place du ou des personnages figurant sur la carte et d'exprimer leurs ressentis, leurs émotions et leurs pensées, s'ils connaissent des histoires qui parlent de cette force, s'ils connaissent le nom de cette force, s'ils l'ont déjà utilisée, s'ils peuvent donner des exemples d'utilisation de cette force, s'ils ont vu quelqu'un l'utiliser et comment, etc. Éventuellement, leur demander de les mimer ou de mimer des situations qui illustrent cette force.

Vous pouvez ressortir ces cartes à tout moment dans la journée, quand un élève est en train de l'utiliser, quand un personnage d'une histoire lue la développe, pour montrer quelle force on doit mobiliser pour réussir une activité, résoudre un conflit, un problème, etc.

Présenter le rituel

Vous pouvez lancer ce rituel en chantant la comptine suivante qui met en lumière le langage commun des forces.

7 Comptine sur les forces de caractère

Sur l'air de : « Dansons la capucine »

Les forces de caractère
Y'en a tout plein chez toi
Y'en a aussi chez moi
et puis aussi chez nous
youuuuu !!!

SCHOLAVIE

Puis présenter le défi aux enfants :

« Chaque jour pendant une semaine, vous allez partir à la découverte d'une force. Quelle force ? Comment l'utiliser à l'école et en dehors ? Comment la repérer ? Qu'est-ce qu'on ressent dans son corps quand on l'utilise ? Nous allons essayer ensemble d'être des superhéros en utilisant le plus possible cette force. Vous êtes prêts à relever le défi ? »

Inviter les enfants à repérer et observer tout au long de la journée, les différentes façons d'exprimer et d'utiliser cette force, chez eux ou chez les autres. Proposer le défi de penser et d'agir comme un super-héros (le super-héros de la gentillesse, de la curiosité, du courage, etc.).

Plusieurs options sont possibles :

- soit la force est choisie au hasard (en tirant une carte de l'outil « Autour des forces ») ;
- soit elle est choisie en commun après la lecture d'une histoire mettant en lumière cette force ;
- soit le choix est déterminé pour répondre à un besoin ;
- soit elle est commune à l'ensemble des élèves ;
- soit chaque élève choisit de développer une force en particulier.

Si le choix s'opère en tirant une carte au hasard parmi celles de l'outil « Autour des forces », demander aux élèves :

« Qu'est-ce que c'est que cette force à votre avis ? Qu'en pensez-vous ? Est-ce que vous la connaissez ? Est-ce que vous l'utilisez parfois, souvent ? Quand et comment ? Qu'est-ce que vous ressentez en l'utilisant : de la joie, de l'excitation, du bonheur ? Est-ce que vous connaissez des camarades qui les utilisent souvent ? Quand et comment ? »

Mettre en place le rituel

Tous les matins de la semaine, lancer ce défi. En fin de journée, organiser un retour et inviter les élèves à explorer leurs ressentis à chaque fois qu'ils ont été amenés à utiliser cette force ou à l'observer chez les autres. Vous pouvez aussi choisir d'organiser un temps en fin de semaine pour célébrer les forces développées (voir chapitre 5, p. 160) et de compléter à ce moment-là le carnet des forces proposé dans les ressources numériques.

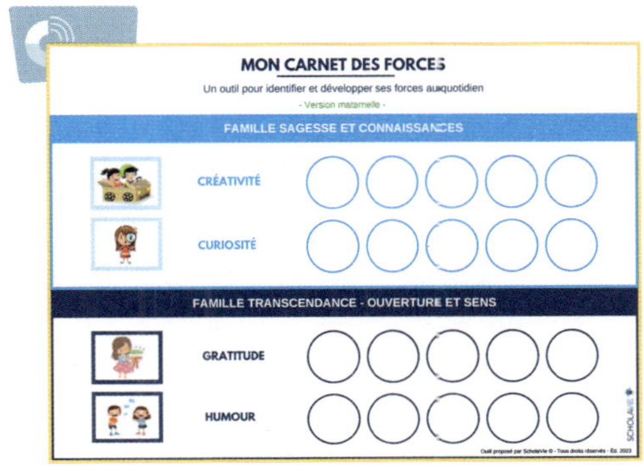

Exemple : S'il s'agit de la force de la gentillesse, voici quelques exemples d'utilisation de cette force qui peuvent être partagés : prêter un jouet, aider un camarade à mettre son manteau, tenir la porte, partager son gouter, dire merci, nettoyer les tables, faire un compliment, un câlin, inviter quelqu'un à jouer, etc.

Variante : les défis du jour

Exemples de défis à proposer pendant les rituels du matin. Fabriquer les cartes des défis en les illustrant avec des dessins, des photos, etc., pendant un atelier dédié.

- Défi du sourire : aujourd'hui, je souris le plus possible.
- Défi du rangement : aujourd'hui, je range bien le matériel.
- Défi de la joie : aujourd'hui, j'essaie d'apporter le plus de joie possible autour de moi.
- Défis autour des forces :
  - Force de la gratitude : aujourd'hui, je dis le plus souvent possible merci.
  - Force du courage : aujourd'hui, je fais tout particulièrement des efforts, même si c'est dur.
  - Force de l'amitié : aujourd'hui, je joue avec tout le monde.
- Défi du partage ou défi du trésor. L'élève est invité à apporter un objet qu'il chérit : son doudou, un livre, un jouet, etc.
  Il le présente à la classe et le partage avec quelqu'un pendant une journée. Il peut choisir librement l'heureux camarade ou tirer son nom au sort.
  On invite chacun des élèves, celui qui partage et celui qui reçoit l'objet de ce partage, à explorer ses émotions, ressentis et pensées pendant cette journée. Et on n'oublie pas de faire le point en fin de journée.

B | Copain du jour

MS-GS, rituel sur une journée, autocollants avec une lettre, une couleur, un animal ou des bracelets de couleur.

Chaque élève reçoit en secret, en arrivant le matin, un autocollant avec une lettre, une couleur, un animal ou un bracelet de couleur. Il doit trouver le camarade qui aura le même autocollant ou bracelet (ou autre selon l'objet choisi), c'est-à-dire l'élève qui sera son copain du jour, son binôme.

Ce rituel permet d'aller à la rencontre des autres et d'apprendre à les connaitre. Il permet à l'enfant de s'ouvrir, d'éveiller sa curiosité, son empathie et de prendre conscience qu'il fait partie d'un groupe.

Rituels de regroupement après les ateliers

Pendant les ateliers en lien avec les apprentissages, l'enseignant observe les difficultés et les progrès de ses élèves pour acquérir les compétences disciplinaires mais aussi pour développer les compétences sociales et émotionnelles.

Le temps de regroupement après les ateliers est un moment privilégié pour apporter une rétroaction efficace et constructive. **En effet, plus le retour d'expérience de l'enseignant est précis, authentique et immédiat ou proche du moment où l'expérience se déroule, plus il est efficace.** C'est donc un rendez-vous à ne pas manquer pour mettre en lumière les forces, les progrès et les réussites individuelles et collectives : autant de rituels à instaurer pour nourrir la confiance en soi de chacun et celle du groupe afin de créer un climat de classe favorable aux apprentissages.

Avant la phase de regroupement, il y a la phase de rangement. Rien de mieux qu'une comptine pour se donner de l'entrain et du cœur à l'ouvrage. La chanson est mise en fond sonore, donnant ainsi le signal que le rangement doit commencer. Si les enfants le souhaitent, ils sont invités à la fredonner pendant qu'ils s'activent.

8 Comptine pour lancer le signal du rangement

Sur l'air de : « Elle descend de la montagne à cheval »

On range quand on a fini un atelier
On range quand on a fini un atelier
On range quand on a fini
On range quand on a fini
On range quand on a fini un atelier
Youpi, youpi, youpi, youpi, !
On a bien tout rangé, c'est fini
Merci à toi et merci à moi
Merci à nous car c'est déjà fini !

SCHOLAVIE

1 | Rituels pour identifier et développer les forces de caractère

Lors de ces rituels, qui ont lieu pendant le temps de regroupement après les ateliers, il s'agit d'aider les élèves à comprendre le concept de force de caractère, à identifier leurs forces et celles des autres, à célébrer celles développées pendant les ateliers, individuellement et/ou collectivement. Ils approfondissent ainsi la connaissance qu'ils ont d'eux-mêmes et des autres. Ils nourrissent leur confiance en soi, cette croyance fondamentale à la base de tout apprentissage selon laquelle on se sent capable de mener à bien une activité.

Ces rituels de regroupement après les ateliers peuvent aussi être l'occasion de rappeler les défis des forces lancés le matin et d'organiser un temps de rétroaction pour engager à nouveau les élèves à le relever (voir chapitre 1, p. 78). « A-t-on, depuis ce matin, réussi à relever le défi ? »

Objectifs
- Comprendre le concept de force de caractère.
- Identifier ses forces de caractère et celles des autres.
- Développer et utiliser ses forces de caractère.
- Apprendre à se connaitre et à découvrir les autres.
- Développer la qualité d'écoute et d'empathie.
- Développer la confiance en soi.

Niveaux MS-GS (en PS, c'est essentiellement la responsabilité de l'enseignant) pour tous les rituels qui suivent.

Organisation En cercle ou en ligne.

Ces rituels peuvent à chaque fois être introduits par la chanson des forces de caractère (voir chapitre 1, p. 80).

Ces rituels demandent à ce que le concept de force ait été introduit auprès des élèves. Si cela n'a pas été fait (par exemple, lors d'un rituel matinal comme celui proposé dans le chapitre 1), vous pouvez en profiter pour le faire ici. Il nécessite un travail d'explication autour du vocabulaire des forces, une pratique quotidienne de formulation et de reformulation. Parce que le jeune enfant peut avoir du mal à le comprendre, à se décentrer et à prendre du recul, la plupart des rituels autour des forces de caractère qui sont proposés dans cette partie sont principalement destinés aux élèves de GS. Pour autant, dans les classes de PS et de MS, l'enseignant et tout adulte référent ont un rôle considérable à jouer dans la compréhension de ce concept et du vocabulaire associé, dans l'observation et l'identification des forces développées par les élèves, dans la formulation et reformulation de ce qu'ils observent, de ce que les élèves expriment, etc.

Pour vous aider à endosser ce rôle de détective des forces des élèves, voilà quelques indices utiles :

- **Indice de facilité :** Quelles tâches et activités les élèves réalisent-ils et réussissent-ils facilement, sans effort ?
- **Indice d'énergie :** Quelles tâches les rendent plus dynamiques, enthousiastes ?
- **Indice de rapidité :** Qu'ont-ils appris et fait rapidement ?
- **Indice de motivation :** Quelles tâches aiment-ils accomplir ?
- **Indice auditif :** Que font-ils au moment où vous relevez de la joie, de l'excitation et de la vitalité dans leurs voix ?
- **Indice d'attention :** Quelle tâche réalisent-ils quand vous les voyez concentrés et totalement absorbés ?
- **Indice d'authenticité :** Quelle tâche accomplissent-ils avec confiance et de manière assurée ?
- **Indice d'expression :** Lorsque vous leur donnez une tâche à réaliser, quand utilisent-ils des expressions positives telles que : j'adore, oh oui super, encore, je n'ai pas envie d'arrêter, c'est déjà fini, etc. ?

A | Le détective des forces

10 minutes, outil « Autour des forces ».

Voici une manière d'introduire les forces de caractère auprès des enfants, si elles n'ont pas déjà été présentées à l'occasion d'un rituel pour commencer la journée (voir chapitre 1, p. 78), ou de rappeler ce qu'elles sont.

Les enfants sont assis confortablement. Vous attisez leur curiosité en leur faisant part d'une incroyable découverte, avec une voix mystérieuse et enjouée :

« Je vais vous dire quelque chose d'incroyable, quelque chose que vous savez peut-être déjà. Nous avons tous, petits et grands, des trésors en nous, des superpouvoirs. Ces superpouvoirs qu'on appelle aussi des forces sont différents d'une personne à l'autre, car nous sommes tous différents, uniques.

Dans cette classe, il y a beaucoup de forces différentes qui sont présentes : l'amour, le courage, la gentillesse, l'humour, etc.

La force de la gentillesse par exemple, c'est quoi ? Quand est-ce qu'on peut l'utiliser ? Quand on aide un camarade, quand on donne un peu de son gouter, quand on débarrasse son assiette à la maison ? Quand vous êtes gentils, cela fait plaisir autour de vous mais aussi à vous... Quand on utilise sa force de la gentillesse, on se sent bien et ça donne plein d'énergie. Est-ce que vous pensez avoir cette force de la gentillesse ?

Connaissez-vous vos superpouvoirs ? Ce n'est pas toujours facile de découvrir son trésor comme celui des autres.

Aujourd'hui, nous allons prendre nos lunettes de détective pour trouver les forces que vous avez pu utiliser pendant les ateliers et qui vous ont d'ailleurs souvent permis de réussir l'activité proposée. N'oubliez pas, tout le monde a des forces, c'est ça qui est extraordinaire : vous, vos camarades, moi, vos parents, vos frères et sœurs, les personnages dans les histoires, etc. Nous allons partir à leur découverte, une véritable chasse au trésor. »

Au début, et surtout avec les petits, ce sera sans doute à l'enseignant de commencer et de montrer l'exemple.

« Quand j'ai vu Chloé qui avait du mal à faire le puzzle mais qui n'a pas abandonné et qui a fini par réussir à le faire, j'ai vu la force de la persévérance se développer.

Quand j'ai vu Sacha ramasser un manteau tombé par terre sans qu'on le lui demande, j'ai vu la force de la gentillesse en action.

Quand j'ai vu Roxane dire merci à Tom de l'avoir aidée, j'ai vu Roxane qui a utilisé sa force de la gratitude, et Tom sa force de la gentillesse.

Quand j'ai vu Jawed qui était en colère contre lui-même car il n'arrivait pas à découper les formes géométriques mais qui a réussi à se calmer, je l'ai vu utiliser sa force de la maitrise de soi.

Quand j'ai vu Lalya poser des questions sur l'activité et s'y intéresser pleinement, je l'ai vue utiliser sa force de la curiosité, etc.

Alors, quelles forces pensez-vous avoir utilisées aujourd'hui ? »

En guise de rituel, au moment du regroupement, afficher les cartes de l'outil « Autour des forces » (voir la présentation de cet outil dans le chapitre 1, p. 79) au tableau ou les étaler par terre. Vous pouvez aussi en introduire deux puis trois, puis de plus en plus au fur et à mesure que les enfants se les approprient. Leur demander de choisir les cartes qui illustrent les forces qu'ils pensent avoir utilisées pendant l'atelier. Les aider à verbaliser leurs ressentis.

Remarque : Pour s'y référer plus facilement et en toute circonstance, vous pouvez afficher les cartes de cet outil de manière permanente dans la classe.

Prolongements

• Un jeu de cartes des forces personnalisé

Concevoir un jeu de cartes des forces avec les enfants : écriture, dessins, photos, exemples d'utilisation des forces, etc. Un beau projet d'année qui pourrait être un magnifique cadeau à faire à ses élèves ainsi qu'à leurs familles.

• La ronde des forces

Les élèves sont tous debout en cercle. Un élève qui le souhaite avance d'un pas au centre en donnant son prénom, une force qu'il a utilisée pendant l'atelier et en faisant éventuellement un geste pour illustrer cette force. Un autre fait de même, et ainsi de suite jusqu'à ce que tous les volontaires se soient ainsi présentés.

Exemples : « Je m'appelle Kevin et je suis gentil car j'ai aidé Lou qui avait du mal à faire un puzzle » (geste : deux mains qui se serrent) ; « Je m'appelle Sophie et j'ai utilisé la force de la gratitude car j'ai dit merci à Julien qui m'a aidée (geste : deux mains sur le cœur !) ».

B I Le mur des forces

5-15 minutes, matériel (au choix) : du papier, des photos d'élèves, des cartes des forces, des smileys, des photos, des gommettes, des paillettes, etc.

L'objectif de ce mur commun des forces est d'identifier les forces de chacun et de les partager. Il s'agit de le compléter au fur et à mesure des expériences vécues qui vont révéler les superpouvoirs de chacun ou du groupe. Ce rituel permet de renforcer la connaissance de soi et des autres, la confiance en soi de chacun et collective.

Chacun, par exemple, peut écrire son nom ou coller sa photo sur ce mur. Progressivement, viennent s'ajouter des noms de forces utilisées, des exemples concrets d'utilisation de ces forces, des photos en situation d'utilisation de ces forces, des témoignages, des émotions, des smileys, etc. Un mur collaboratif, vivant, célébrant les forces développées par les uns et les autres pendant les ateliers et la vie de la classe.

Variantes

• Les fleurs des forces

Les élèves ont chacun une fleur qu'ils ont pu fabriquer ou dessiner pendant un atelier, avec leur prénom écrit dans le cœur. Sur les pétales figurent les forces les plus utilisées par l'élève pendant les ateliers (mais pas seulement).

On n'oublie pas de prendre le temps d'observer les fleurs pousser, de les arroser de valorisations constructives, de les fêter et d'admirer ce champ de fleurs singulier qu'on peut coller au mur (ou sur le mur des forces).

- **L'arbre des forces**

Dessiner ou faire dessiner par les enfants un grand arbre. Écrire sur le tronc de l'arbre les 3 à 5 forces les plus développées dans la classe ou les forces découvertes au fur et à mesure des expériences dans la classe. Sur les feuilles de l'arbre, ajouter des mots, photos, dessins ou pictos relatant les différentes manières dont les forces ont été utilisées au quotidien dans la classe ou dans l'école.

Exemple : Forces de la gentillesse et de gratitude → une photo d'un enfant qui partage sa part de gâteau, un smiley qui sourit, une photo d'un enfant qui sourit, un cœur, un mot, etc.

Prolongement

- **La fête des forces**

Une fois le mur, les fleurs et/ou l'arbre complétés, on n'oublie pas de prendre un temps pour fêter les forces identifiées, reconnues et développées, en chantant (comme la comptine des forces ou la comptine sur la persévérance), en dansant, en prononçant des mots d'encouragement, etc.

C | Le carnet des superpouvoirs

5-15 minutes, le carnet des superpouvoirs.

Il peut être simplifié en fonction de l'âge des élèves, en ne mettant en lumière au départ, qu'une force par exemple, puis deux, puis trois, etc. À chaque fois que c'est possible et que l'élève a utilisé une force pendant un atelier, il peut colorier la forme correspondant à la force en question. Les formes des forces les plus coloriées correspondent évidemment aux forces les plus utilisées et développées.

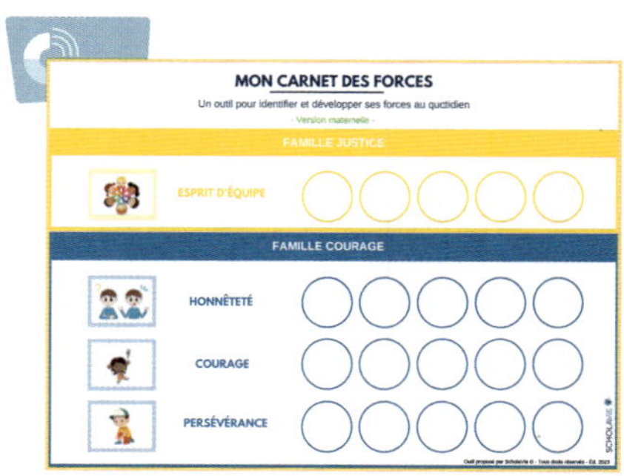

Ce carnet des superpouvoirs, qui peut aussi prendre la forme d'un panneau, peut également être collectif. À chaque fois qu'un élève de la classe utilise une force, l'élève (ou vous-même) colle une gommette, fait une croix, etc. Ainsi, chacun voit sur ce panneau les forces les plus utilisées dans la classe et celles à développer.

D | Les médailles des forces

5-15 minutes, papier cartonné, rubans, feutres, gommettes, perforeuse.

Préparation

Préparer en amont des disques cartonnés ou les faire découper par les élèves. Perforer à un endroit, y attacher un ruban ou une ficelle suffisamment longue pour pouvoir la mettre autour du cou des élèves.

Option 1 : demander aux enfants de décorer librement une ou plusieurs médailles de forces (sans distinguer de quelle force il s'agit).

Option 2 : demander aux enfants de décorer une médaille en particulier, au choix : la médaille de la créativité, de la curiosité, etc. Cela peut être à l'aide d'un mot pour les plus grands ou d'une lettre, d'un picto, d'un dessin, etc.

Déroulement

Pendant le temps de regroupement, présenter la boite des médailles des forces :

« Nous avons tous des superpouvoirs, des forces qui nous rendent uniques, qui nous donnent confiance, qui nous aident à être plus heureux, surtout quand on les utilise. Ces forces sont notre trésor. Vos forces à tous sont les trésors de cette classe. Pendant les ateliers, j'ai vu beaucoup d'élèves utiliser une ou plusieurs forces. Par exemple, j'ai vu Théo utiliser sa force de la gratitude car il a dit merci à un camarade qui l'a aidé, j'ai vu Demba utiliser sa force du courage car il a fait beaucoup d'efforts pour arriver à faire le travail des gommettes, etc. Est-ce que certains d'entre vous ont envie de venir choisir une médaille car ils ont utilisé une force pendant l'atelier ? »

Les enfants qui le souhaitent viennent alors, chacun leur tour, prendre une médaille ou choisir la médaille de la force en question.

Les inviter et les aider à préciser de quelle force il s'agit, comment ils l'ont utilisée et les ressentis occasionnés. L'aide à la formulation et la reformulation est essentielle dans cet apprentissage et ce développement d'un langage commun.

E | Le cadeau des forces

5-10 minutes, outil « Autour des forces » et/ou médailles des forces.

Ce rituel est à utiliser sans modération tant ses bienfaits sont considérables. Il complète les rituels précédents.

Au moment du regroupement, les élèves qui le souhaitent sont invités à choisir une force qu'ils ont envie d'offrir à un camarade. Chaque élève est ainsi reconnu par ses pairs, à travers le prisme de ses forces qu'il reçoit comme des cadeaux, consolidant aussi la connaissance qu'il a de lui-même comme de celle des autres.

Ils offrent la carte des forces qui correspond à la force observée et reconnue chez l'autre ou une médaille, une gommette, en l'accompagnant si possible d'un petit mot ou d'un geste.

Dans tous les cas, il est important de faire verbaliser autant que possible la force en question, de donner des exemples d'utilisation de cette force et d'encourager au maximum l'expression des ressentis et émotions vécus en offrant la force comme en la recevant, par des mots ou des gestes.

> **Exemples :** Un élève pourrait choisir d'offrir la force de la gentillesse à un autre car il l'a aidé à ranger le coin cuisine et cela lui a fait plaisir.
>
> Un autre élève pourrait offrir la force du courage à un de ses camarades car il s'est fait mal pendant l'atelier et n'a même pas pleuré. Cet enfant qui reçoit le cadeau pourrait répondre : merci pour cette force, ça me fait plaisir, ça me fait du bien, je me sens plus fort, etc.

Il est important que vous animiez et participiez à cette distribution de cadeaux en identifiant les forces développées par un enfant, un binôme, un groupe d'enfants, le groupe classe. Veiller à ce que chacun dans la semaine reçoive au moins une force en cadeau.

> **Exemple :** Vous pouvez offrir à tous les membres d'un atelier la force du travail ou de l'esprit d'équipe, car ils ont bien su travailler ensemble, dans le calme et l'écoute.

Inciter aussi les enfants à observer les forces des autres, notamment ceux qui ne sont pas toujours dans la classe mais qui contribuent au bienêtre à l'école : l'Atsem, la directrice, les personnes qui s'occupent d'eux à la cantine, etc. Il est aussi possible de demander aux élèves d'offrir des cadeaux de forces à la maison en associant les parents dans cette mission pour garantir son succès.

Prolongements

- C'est la remise des livrets de réussite ? Profitez-en pour nommer les forces reconnues et développées par chacun des élèves dans vos commentaires.

  Exemple : Yan peut être fier de lui car il a développé la force de la maitrise de soi ce trimestre. En effet, il a mieux réussi à garder son calme. Il a écouté les conseils donnés pour progresser et a pris du plaisir à expérimenter des techniques pour l'aider, comme la cohérence cardiaque.

- C'est l'anniversaire d'un enfant ? Offrez-lui le nombre des forces que vous lui reconnaissez, égal au nombre de ses années, en mettant les autres élèves dans la confidence. Faites écrire, dessiner, illustrer les forces de cet élève et glissez-les dans un pot en verre, une belle boite dédicacée ou dans une belle pochette.

F | Les forces en chansons

La musique est une source de mémorisation et de réflexion qui permet de s'approprier les forces que l'on a identifiées et d'y associer des émotions positives. La recherche montre que les souvenirs associés à la musique sont si forts que la simple évocation du titre d'une chanson ou un aperçu de la pochette de l'album ou du titre peut aider à la réminiscence de toute une série d'émotions positives (Étude de l'université de l'État du Kansas en 2009).

Associer une chanson à l'une de ses forces permet d'en être plus conscient et de se rappeler qu'elle est notre alliée au quotidien ! Vous pouvez chanter les forces avec vos élèves, en utilisant notamment la chanson déjà partagée au chapitre 1 (p. 80) ou celle qui suit.

9 Chanson sur la persévérance

Sur l'air de : « 1 km à pied »

Quand on veut pardonner, c'est dur, c'est dur
Quand on veut pardonner, c'est dur mais on peut l'faire
Quand on veut se calmer, c'est dur, c'est dur
Quand on veut se calmer, c'est dur mais on peut l'faire
Quand on veut sauter...
Quand on veut progresser...
Quand on veut aider...

SCHOLAVIE

Vous pouvez aussi reprendre la chanson « Si tu as d'la joie au cœur » et l'adapter au contexte de cet apprentissage en remplaçant ici le mot « joie » par le nom d'une force. Inviter les élèves qui pensent avoir utilisé cette force pendant l'atelier à taper dans les mains, du pied, etc.

10 Chanson sur les forces [1]

Sur l'air de : « Si tu as d'la joie au cœur »

Si tu as d'l'**amour** au cœur
Tape des mains
Si tu as d'l'amour au cœur
Tape des mains
Si tu as d'l'amour au cœur
Si tu as d'l'amour au cœur
Si tu as d'l'amour au cœur
Tape des mains

Si tu as d'l'**humour** au cœur
Tape des pieds
Si tu as d'l'humour au cœur
Tape des pieds
Si tu as d'l'humour au cœur
Si tu as d'l'humour au cœur
Si tu as d'l'humour au cœur
Tape des pieds...

SCHOLAViE

Vous pouvez encore compiler une playlist des chansons des forces de la classe et profiter de ce temps de regroupement après les ateliers pour en écouter une. Demander aux enfants ce qu'ils ressentent en écoutant cette chanson et dire à quelle force elle leur fait penser ; en montrant la carte de l'outil « Autour des forces » ou la médaille correspondante, en la nommant, etc. Enfin, inviter les enfants qui s'octroient cette force à se lever pendant la chanson et s'ils le souhaitent, à danser et/ou à chanter.

Exemples :

- Comptine *L'araignée Gipsy*, force de la persévérance
- *Les bêtises à l'école*, Henri Dès (force de l'humour)
- *L'oiseau et l'enfant*, Kids United (force de l'amour)
- Comptine *L'empereur et le petit prince* (force de la persévérance)
- *Une chanson douce*, Henri Salvador (force de l'amour)

1. Seul le texte de cette chanson est téléchargeable dans les ressources numériques. La version audio n'est pas proposée.

2 | Rituels pour nourrir la confiance en soi

Objectifs
- Identifier les sources pour développer la confiance en soi.
- Développer les leviers de la confiance en soi.
- Favoriser un climat motivationnel de réussite.

Les rituels qui sont partagés ici permettent de concrétiser la théorie du psychologue canadien Albert Bandura sur la confiance en soi présentée en introduction (p. 41-42). Sa théorie identifie quatre leviers pour développer la confiance en soi et nourrir la croyance qu'on est capable de réussir :

- La source la plus efficace pour nourrir la confiance en soi d'un élève est d'identifier ses réussites passées et de le mettre en situation de réussite (rituel A).
- La deuxième est de lui faire vivre des expériences inspirées par d'autres, appelés modèles (rituel B).
- La troisième est de lui faire des rétroactions et des encouragements constructifs et positifs (rituels C).
- La dernière est de lui donner des outils pour gérer ses émotions et le connecter à son corps (rituels du chapitre 3).

A | Détectives de réussites

Objectifs
- Identifier les expériences de réussites individuelles et collectives, afin de développer la confiance en soi.
- Partager, célébrer et ancrer les expériences de réussite.

Niveaux MS-GS.
Durée 5-15 minutes.
Matériel Lunettes de détective.

Voilà un rituel à faire autant que possible, en variant les supports, pour aider les élèves à identifier leurs réussites afin de leur faire prendre conscience de leurs capacités, individuelles et collectives.

Ce rituel n'exclut surtout pas la rétroaction immédiate pendant les ateliers, au moment où l'expérience se déroule. Les deux vont de pair. Car plus un retour d'expérience est immédiat, plus il sera efficace.

Ce rituel permet d'identifier les réussites, de les partager, de les célébrer, de les ancrer dans la mémoire et de développer l'intelligence émotionnelle. Il suscite en outre de nombreuses émotions agréables, qui sont un véritable levier pour l'apprentissage. Ressentir de la joie et de la fierté pour sa réussite comme pour celle des autres, c'est aussi développer son empathie, favoriser la qualité des liens entre les élèves et nourrir le sentiment d'appartenance au groupe.

Déroulement

Demander aux élèves de s'assoir en cercle.

« Vous avez fini votre atelier et vous avez rangé le matériel. Maintenant, je vous demande de mettre vos lunettes de détective de réussites (imaginaires ou réelles). Savez-vous ce qu'est un détective ? C'est quelqu'un qui regarde, observe très attentivement ce qui se passe autour de lui. Et vous comme moi, nous sommes les détectives de nos réussites. Nous pouvons observer nos réussites, celles des autres, nos progrès, nos efforts, nos forces, etc. Avez-vous particulièrement réussi quelque chose pendant cet atelier ? Qui est fier de lui ? Pourquoi ? Qu'avez-vous ressenti ? Qu'est-ce qui vous a permis de réussir ? Avez-vous observé des réussites chez les autres ? Qui ? Quoi ? Pourquoi ? Qu'avez-vous ressenti en observant la réussite des autres ?... »

> **Exemples :** « Je suis fier car j'ai réussi à bien découper une forme, j'ai compris la consigne, j'ai aidé Clarissa... »
>
> « J'aime bien réussir, ça me donne de la joie, je suis content. »
>
> « Nous, dans notre groupe, on a réussi à trouver la solution même si c'était difficile. »
>
> « Moi, j'ai vu que Youri avait réussi à faire le puzzle alors qu'avant il ne savait pas faire. »

Pour rendre ludique l'activité, vous pouvez demander à chacun de mettre sa paire de lunettes de détective (réelle ou imaginaire).

À chaque partage de réussite, l'enseignant essaie de faire surgir les émotions, pensées et ressentis comme les forces utilisées ! Avec les plus jeunes, et de manière générale au début, c'est essentiellement lui qui fera part de ce qu'il aura observé. Petit à petit, certains enfants voudront jouer pleinement leur rôle de détective.

Quand une réussite est partagée, la classe peut la célébrer en applaudissant, en chantant, en faisant un geste, une suite de mouvements chorégraphiés, une danse de la victoire, en remettant une médaille, une gommette, etc.

Il faut veiller à ce que chacun pendant la semaine puisse célébrer au moins une de ses réussites, si petite soit-elle.

- **Chanson pour célébrer les réussites**

11 Chanson pour célébrer les réussites [2]

Sur l'air de : « Ah les crocodiles »

Ah mes réussites, tes réussites, nos réussites
Prenons l'temps de les fêter, on a bien travaillé
Ah mes réussites, tes réussites, nos réussites
Elles sont chouettes, on les aime et puis on les fête !

SCHOLAVIE

- **Exemple de chorégraphie de la réussite**
  - 1er mouvement : taper trois fois dans les mains.
  - 2e mouvement : lever les bras vers le ciel.
  - 3e mouvement : dire « bravo ! »

La chorégraphie de la réussite peut être inventée par les élèves.

On peut aussi, en GS, organiser la classe en petits groupes pour que chacun invente une danse à montrer aux autres groupes.

Prolongements et variantes

- **Le mur des réussites (à l'instar du mur des forces, p. 87)**

Un pan de mur, un panneau dans la classe est dédié à l'expression de ces réussites. À chaque réussite partagée, vous pouvez compléter ce mur commun des réussites, avec l'aide des enfants.

Ces réussites peuvent être symbolisées par des photos des réussites associant le prénom de l'enfant concerné, des feuilles qu'on collerait au fur et à mesure sur les branches d'un arbre (avec le prénom de l'élève ou la réussite en question inscrit dessus, par exemple), par des fleurs des réussites (chaque élève a une fleur et on ajoute un pétale à chaque réussite identifiée) ou par des gommettes ou autres, de manière anonyme ou non, etc.

- **Le journal individuel des réussites (GS)**

Profiter de ces rituels autour des réussites pour inviter les élèves à dessiner leurs réussites, les exprimer grâce à l'aide de l'adulte, faire des collages... Vous-même et tout autre accompagnant (y compris les parents) ou même les pairs peuvent naturellement compléter ce journal des réussites et participer à son élaboration.

2. Seul le texte de cette chanson est téléchargeable dans les ressources numériques. La version audio n'est pas proposée.

Exemples : Collage d'une photo de l'élève en train de réussir, petit texte sous forme de dictée à l'adulte (« Je suis fière de moi car j'ai réussi à coller les gommettes dans le bon ordre »), dessin de la tour de Kapla réussie, etc.

Ce moment doit être un moment de plaisir et de détente. Il peut aussi devenir un rituel de fin de semaine et s'accompagner d'un fond sonore apaisant. Les enfants peuvent rapporter régulièrement leur cahier de réussite à la maison.

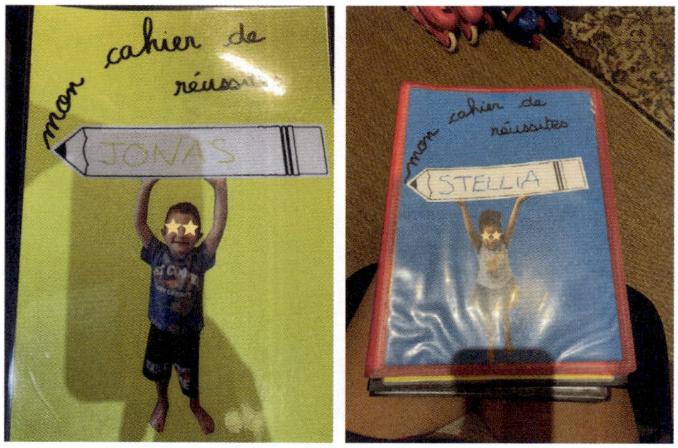

Exemples de cahier de réussites en GS.

• **Le journal commun des réussites**

Le journal des réussites peut être commun à la classe, rempli par l'enseignant avec l'aide des enfants. Ce journal peut être consulté par les parents au moment de l'accueil ou à la maison quand l'enfant le rapporte. C'est une manière intéressante, positive et différente de faire le lien avec les familles. C'est aussi une manière pour l'enfant de prendre conscience de l'identité de ses amis de la réussite.

B | Les amis de la réussite

Objectifs
- Identifier et observer les personnes ressources ou les modèles inspirants.
- Poser les bases de la coopération.
- Oser demander de l'aide.
- Développer la confiance dans les autres.

Durée 5-10 minutes.

Pendant ce temps de regroupement après les ateliers, il est important que les enfants prennent conscience qu'on apprend seul mais aussi avec et grâce aux autres, notamment en s'inspirant de leurs comportements, stratégies, etc. Le rituel développé ci-dessous permet aux enfants d'identifier les personnes qui les ont aidés à réussir les activités proposées dans les ateliers : un camarade, l'enseignant, l'Atsem, un parent présent, etc. Il permet aussi de satisfaire le besoin de lien et de proximité sociale des enfants. L'enfant comprend qu'ensemble on va plus loin, qu'on peut demander de l'aide, qu'on a des alliés sur qui s'appuyer, des amis qui peuvent nous inspirer et nous donner de l'énergie, qu'on peut aussi aider les autres. Ce sont les bases de la coopération qui sont posées ici. On valorise la coopération et l'inspiration et non la compétition et la comparaison.

Déroulement

Une fois les enfants installés en cercle, leur demander de réfléchir aux personnes qui les ont aidés.

« Pour bien travailler et être heureux, on a besoin d'amis, de personnes de confiance, qui peuvent nous aider, nous encourager, etc. Qui sont ces personnes à votre avis ? Qui sont les amis de la réussite du jour ? »

Les enfants qui le souhaitent peuvent nommer cette (ou ces) personne et lui dire merci, ou encore la remercier en se mettant debout devant elle et en joignant les deux mains, en la regardant dans les yeux et en mettant la main sur le cœur, en lui remettant une gommette, un insigne imaginé et/ou conçu ensemble, etc.

Pour les plus grands, une fois la personne identifiée, on peut les aider à formuler ce qui les a aidés, inspirés, ce que cela leur a procuré comme ressentis et émotions.

Prolongement

• La fleur des amis

Chaque élève peut créer sa fleur des amis et écrire (ou faire écrire) dans son cœur son prénom et dans chaque pétale le nom des personnes qui l'ont aidé. Ce sont les personnes qui aident la fleur à pousser, à s'épanouir. Les fleurs sont ensuite « plantées » dans un cahier ou sur un panneau ou sur un mur, dans la classe ou dans le couloir. Elles forment un véritable champ de fleurs de la confiance.

La fleur des amis de la réussite (ou de la confiance) de Kevin, élève de PS (fleur complétée en plusieurs fois).

C | Tournée d'encouragements

Objectif	Formuler des encouragements positifs.
Durée	5-15 minutes.
Matériel	Une boite, des étiquettes (des exemples sont proposés dans les ressources numériques).

Chacun, adulte comme élève, est agent de la confiance en soi et peut nourrir celle des autres en les encourageant. Pour être efficaces, ces encouragements doivent être immédiats, précis, positifs, sincères, et valoriser les stratégies, les efforts, les progrès, les comportements, etc. Ce rituel de regroupement après les ateliers est l'occasion de partager ce qu'on a observé de positif pendant ces derniers, de formuler des encouragements efficaces et de les partager de manière constructive.

Les élèves sont assis en cercle, confortablement.

« Êtes-vous contents lorsque quelqu'un vous dit quelque chose de gentil sur votre travail, sur votre comportement, sur vos progrès, sur vos dessins ? Qu'aimez-vous bien qu'on vous dise ? Par exemple : "Tu peux être fier de toi, tu as réussi à faire cette activité, tu as aidé Jade à faire ses lacets, à colorier son dessin, etc." ?

Quand on vous dit cela, que ressentez-vous ? C'est agréable, ça fait du bien, ça fait chaud au cœur, c'est comme un cadeau qu'on reçoit à chaque fois ? Et tout le mérite vous revient, c'est grâce à vous, à vos efforts, à votre comportement.

Vous aussi vous pouvez dire ces choses agréables aux autres et leur faire ce cadeau. Cela peut être un merci, un bravo, un encouragement, un petit signe. Et vous verrez, cela vous fera aussi du bien à vous ! Alors, vous êtes prêts à faire tout plein de cadeaux de réussite autour de vous ? »

Remarque : Avec les élèves de petite section, ce sera essentiellement à l'enseignant d'animer le rituel et de choisir les cadeaux à offrir.

Plusieurs choix sont possibles pour mener à bien cette activité :

- Chaque élève choisit parmi les étiquettes proposées celle qui convient le mieux à ce qu'il a envie d'exprimer : un bravo, un merci, un cœur, un pouce levé, etc.

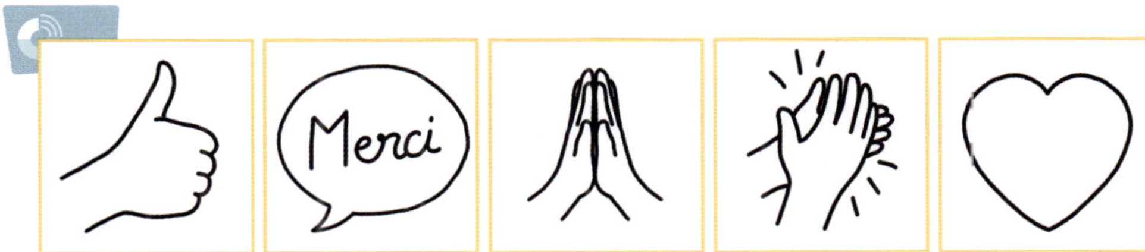

Il peut ensuite la donner directement à son ou sa camarade.

- L'activité peut être uniquement orale : les élèves sont alors invités à aller vers leur camarade pour le ou la féliciter.

Vous pouvez demander aux élèves ce qu'ils ont ressenti pendant ce partage d'encouragements et d'appréciations : « Ça fait du bien, j'aime bien, c'est agréable, je me sens bien, ça me fait plaisir, ça me rend joyeux, je me sens plus fort, etc. »
Rappeler aux enfants qu'il est important de se sentir encouragé par les autres : ses amis, son maitre ou sa maitresse, ses parents, etc. Il est tout aussi important de savoir leur demander de l'aide quand on en a besoin.

La croyance qu'ont les autres personnes dans nos capacités est très bénéfique pour la confiance en soi. Rudolf Dreikurs a écrit que l'encouragement est à l'enfant ce que l'eau est à la plante. Nous sommes tous les jardiniers des plantes et des êtres vivants qui nous entourent, les enfants y compris !

Être connecté à ses émotions et ressentis pour mieux les gérer représente le dernier levier pour développer la confiance en soi. Pour cela, l'enseignant doit développer les compétences émotionnelles de ses élèves et leur donner des outils. C'est l'objet des rituels du chapitre suivant.

Rituels pour favoriser le retour au calme

Dans ce chapitre, les rituels proposés visent à apaiser les tensions et les émotions. Ils favorisent le retour au calme dans la classe mais aussi en soi.

Objectifs
- Renforcer la pleine attention.
- Réguler les émotions.
- Favoriser l'attention et le retour au calme.

Réguler ses émotions et retrouver le calme s'apprend et se cultive, comme toutes les autres compétences émotionnelles. C'est bon notamment pour la confiance en soi, la concentration et l'attention, cela crée un climat de classe plus serein et favorable aux apprentissages. Plus on commence tôt cet apprentissage, plus il sera efficace. Alors n'attendons pas et profitons notamment des chansons et comptines pour cela.

5 Comptine sur les émotions, nos compagnons

Sur l'air de : « Ainsi font font font »

Ainsi font font font
Nos petites émotions
Ainsi font font font
Trois p'tits tours et puis s'en vont

Et elles reviendront
Nos petites émotions
Nous les accueillerons
Pour en faire des compagnons

SCHOLAVIE

Cette comptine (déjà partagée au chapitre 1, p. 65) rappelle que nous sommes des êtres d'émotions et qu'il vaut mieux les accueillir pour en faire des compagnons et des alliés de l'apprentissage. Il faut bien sûr pouvoir les reconnaitre, les exprimer, les comprendre pour ensuite les réguler et les utiliser. C'est tout le sens et l'objectif de ce chapitre.

Voilà quelques conseils pour un bon déroulement des rituels présentés dans les pages suivantes :

- Toujours expliquer leur objectif et notre intention en proposant le rituel.
- Capter l'attention des enfants en n'hésitant pas à mettre en scène les choses, à théâtraliser.

- Animer ces activités avec une voix posée et calme.
- Accepter, surtout au début, que ce soit difficile pour certains.
- Accueillir les difficultés et les normaliser auprès d'eux. On a le droit d'avoir du mal, on a le droit de ne rien ressentir, on a le droit de ne pas avoir envie, on a le droit de ne pas faire (joker). Ce qui n'empêche pas de continuer d'essayer, de cultiver sa curiosité.
- Exiger cependant le respect du bon déroulement de l'activité, dans le calme.

1 | Rituels en chansons pour réguler ses émotions

Les chansons et comptines sur les émotions primaires (joie, tristesse, colère, peur) proposées ici soulignent le besoin de les reconnaitre, de les ressentir, de les accueillir et de les nommer pour ensuite pouvoir mieux les réguler et les utiliser au quotidien. Elles donnent des premières pistes aux enfants pour les aider à apaiser leurs tensions, réguler leurs émotions et favoriser le retour au calme, à l'intérieur de soi comme à l'extérieur, dans la classe.

La comptine sur la colère, par exemple, met en lumière deux techniques de régulation émotionnelle : exprimer et partager sa colère et effectuer des exercices de respiration.

Les comptines sur la joie permettent de se ressourcer et de retrouver de la vitalité en même temps qu'elles favorisent la prise de conscience des effets positifs des émotions agréables.

A | Chansons sur la joie

12 Chanson sur la joie[1]

Sur l'air de : « Au feu les pompiers »

La joie, on l'aime bien
Elle pétille, elle brille
La joie on l'aime bien
Car elle nous fait du bien
Elle nous réchauffe le cœur
Et nous rend meilleur
Elle nous donne de l'énergie
Et colore la vie !

SCHOLAVIE

1. Seul le texte de cette chanson est téléchargeable dans les ressources numériques. La version audio n'est pas proposée.

13 Chanson sur la joie

Sur l'air de : « Il court, il court, le furet ! »

Y'en a partout de la joie
Le matin, midi, le soir
Y'en a partout de la joie
Dans les cœurs et dans les yeux
Elle nous rend tous très heureux
Surtout quand on la partage
Elle est bien là dans nos vies
À nous de la faire surgir
La joie !

SCHOLAVIE

Vous pouvez aussi chanter avec les enfants « Si tu as d'la joie au cœur » en adaptant les paroles, par exemple :

Si tu as d'la joie au cœur, frappe tes mains (et taper tous ensemble dans les mains deux fois).

Si tu as d'la joie au cœur, frappe tes mains,

Si tu as d'la joie au cœur (x 3), frappe tes mains.

Si tu as d'la joie au cœur, tape des pieds…

Si tu as d'la joie au cœur, saute de joie…

Si tu as d'la joie au cœur, dit merci…

Si tu as d'la joie au cœur, viens danser…

Si tu as d'la joie au cœur, claque la langue…

Si tu as d'la joie au cœur, tape ton ventre…

Si tu as d'la joie au cœur, fais le cheval…

Si tu as d'la joie au cœur, tape tes joues…

Remarque : Cette chanson peut être reprise avec n'importe laquelle des émotions, à condition de changer le texte bien sûr (voir par exemple : https://laclassedemadamekitine.weebly.com/uploads/1/2/2/0/122093042/chanson.pdf).

B | Chanson sur la tristesse

14 Chanson sur la tristesse

Sur l'air de : « Il pleut, il mouille »

J'ai peur, j'suis triste
Je reste pas seul
Je raconte mes malheurs
Pour m'aider à aller mieux

SCHOLAVIE

C | Chanson sur la peur

15 Chanson sur la peur

Sur l'air de : « Dans sa maison, un grand cerf »

Quand j'ai peur, qu'est-ce que je peux faire ?
J'peux en parler, respirer
J'me sentirai rassuré
Et ça ira mieux !

Peur, peur, envole-toi !
Je t'en prie ne reste pas !
Je vais demander de l'aide
Pour te laisser filer !

SCHOLAVIE

D | Chanson sur la colère

16 Chanson sur la colère

Sur l'air de : « L'araignée Gipsy »

Quand j'suis en colère
Qu'est-ce que je peux faire ?
Je peux en parler
Je peux respirer

Qu'est-ce que c'est dur
Mais je vais y arriver
Qu'est-ce que c'est dur
Mais je vais y arriver

SCHOLAVIE

2 | Rituels de respiration

La fonction respiratoire est la seule fonction qui soit à la fois volontaire et involontaire. Elle est indispensable pour vivre, elle permet aussi, par un contrôle volontaire, de réguler nos états internes, nos émotions, nos pensées.

Plus on pratique et on ritualise ces exercices, plus on en ressentira les bienfaits, enfants comme enseignants. La pratique respiratoire est comme un muscle qu'il faut entrainer pour le rendre plus fort.

Avec les enfants de maternelle, il convient de débuter par une observation de la respiration et par sa prise de conscience pour ensuite l'intégrer progressivement dans les rituels.

Il s'agit ici de proposer aux enfants des exercices de respiration réguliers et variés, comme au retour des récréations ou entre deux activités, par exemple. Ces rendez-vous privilégiés permettent ainsi de faire une pause et d'optimiser le temps d'apprentissage qui suit, notamment en recentrant l'attention sur le moment présent et en apaisant éventuellement les tensions. Ce n'est pas perdre du temps, c'est en gagner considérablement par la suite. Il faut simplement accepter que les pratiques ne soient pas toujours fluides, surtout au début. Les rires, les soupirs ou les bruits seront au rendez-vous. Certains élèves ont besoin de plus de temps pour en profiter pleinement, ou même ont du mal à les effectuer. Bien sûr, ce constat est valable pour tout apprentissage. Le secret comme toujours est de persévérer, de piquer leur curiosité, de varier les plaisirs, d'accepter les difficultés, les irrégularités. Ces exercices peuvent également vous demander de sortir de votre zone de confort. Cette bienveillance s'applique donc aussi à vous-même !

Expliquer aux élèves les objectifs de ces rituels, pour leur donner du sens et les engager le plus possible dedans. Expliquer aussi combien ces derniers peuvent les aider à se sentir mieux, individuellement et collectivement. Leur répéter encore et encore que cela peut être au début difficile pour eux, mais qu'avec de l'entrainement, ils vont y arriver. Les inviter également à respecter le calme afin que chacun puisse se relaxer et en profiter.

A | La cohérence cardiaque

5 minutes, élèves assis, matériel au choix : chronomètre, support vidéo, audio.

La cohérence cardiaque est une technique respiratoire basée sur de nombreuses études qui permet de gérer le stress et les émotions. Créée par l'institut HeartMath aux États-Unis dans les années 1990, elle a été partagée en France par le Dr David Servan-Schreiber. Elle produit de nombreux bienfaits à court et long terme sur la santé physique, mentale et émotionnelle. Une expérience récente menée dans l'académie de Poitiers confirme les avantages de cette pratique[2]. Il s'agit d'une véritable technique physiologique qui permet d'équilibrer la respiration et d'atteindre un état d'harmonie des fonctions vitales induit par une fréquence respiratoire particulière. Elle peut être obtenue de différentes manières mais l'une des techniques les plus rapides et les plus simples est celle appelée le 365 : 3 fois par jour, 6 respirations par minute, pendant 5 minutes. Avec 5 secondes à l'inspiration (par le nez), 5 secondes à l'expiration (par la bouche), soit un total 6 respirations par minute. 3 fois par jour car les bienfaits de cet exercice se font ressentir jusqu'à 4 heures après en moyenne (4 x 3 = 12 heures correspondant à une durée moyenne d'éveil). Pas de panique, 3 fois est la fréquence idéale mais une fois de temps en temps, c'est déjà très bien, pour commencer.

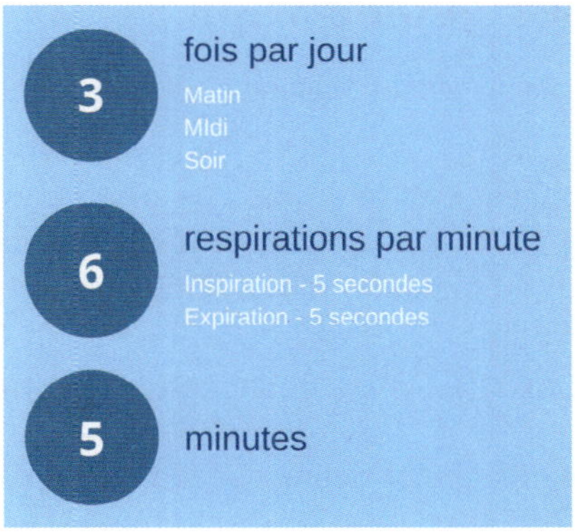

Pratiquer la cohérence cardiaque nécessite un apprentissage régulier et progressif, c'est pourquoi il est important de ritualiser cette pratique.

Il est possible de proposer l'activité de plusieurs manières, suivant ses préférences et le matériel à disposition.

À l'aide d'un chronomètre ou d'une montre avec trotteuse

Lever un bras, avec la paume de la main tournée vers le sol. Demander aux enfants de suivre le mouvement de votre bras avec leur respiration. Lorsque votre bras monte pendant 5 secondes, ils inspirent par le nez. Lorsque votre bras redescend pendant 5 secondes, ils expirent par la bouche. Répéter ces mouvements pendant 1 minute les premières fois, jusqu'à atteindre – progressivement – un cycle de 5 minutes.

2. http://ww2.ac-poitiers.fr/cardie/spip.php?article396&debut_page=1

À l'aide d'un support vidéo

On en trouve beaucoup sur la Toile. Il s'agit souvent des mêmes visuels : une bille qui monte et qui descend dans un paysage, le long d'une vague (les vagues de la cohérence cardiaque), une goutte d'eau qui tombe, une forme qui se gonfle et se dégonfle, etc. Il s'agit alors simplement de suivre le rythme du mouvement avec la respiration.

À l'aide d'un accompagnement audio

Il s'agit de respirer au rythme des sons émis par une cloche, un gong, une musique, etc. Un son, on inspire, un autre son, on expire.

B | La respiration du carré (et autres formes géométriques)

GS, 3-5 minutes, élèves assis ou debout, tableau.

La respiration du carré est une technique de respiration issue du yoga de la respiration, le pranayama. Elle est basée sur quatre temps : inspiration – rétention poumons pleins (on bloque le souffle) – expiration – rétention poumons vides (on bloque le souffle).
Il s'agit de pratiquer une respiration égale dans l'inspiration et l'expiration.

Inviter les élèves à se mettre debout ou assis confortablement. Compter ensuite à voix haute par cycle de 4 secondes, en traçant dans le vide ou au tableau, le côté d'un carré (1, 2, 3, 4) :

- 1er côté du carré : les élèves inspirent pendant 4 secondes ;
- 2e côté du carré : ils retiennent leur respiration pendant 4 secondes ;
- 3e côté du carré : ils expirent pendant 4 secondes ;
- 4e côté du carré : ils retiennent leur respiration pendant 4 secondes.

Au bout de plusieurs cycles (qui peuvent aller jusqu'à 5, soit 5 carrés tracés), inviter les élèves à dire leurs ressentis.

Prolongements

- Faire la même chose avec d'autres formes géométriques comme le rectangle, le triangle, l'étoile, etc.
- Profiter de ces exercices pour travailler en mathématiques sur les formes géométriques, en commençant par le carré. Les élèves sont invités à tracer un carré à l'aide d'un gabarit ou d'un pochoir sur du papier légèrement cartonné,

à le colorier, puis à le découper. Les enfants préparent de cette manière chacun leur set de formes géométriques. Lors des exercices de relaxation, ils écouteront vos instructions en suivant avec leur index les côtés des formes géométriques.

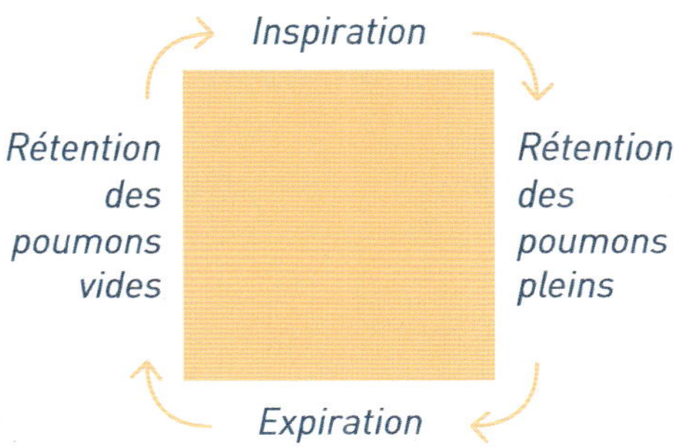

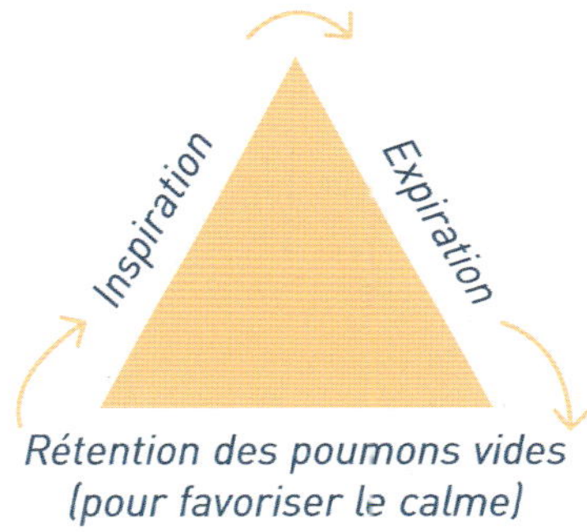

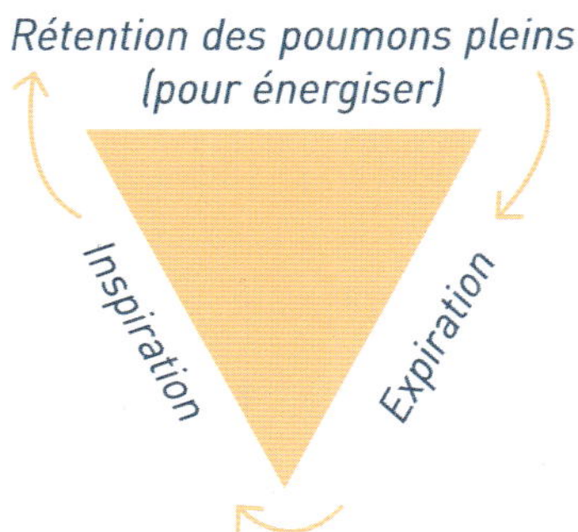

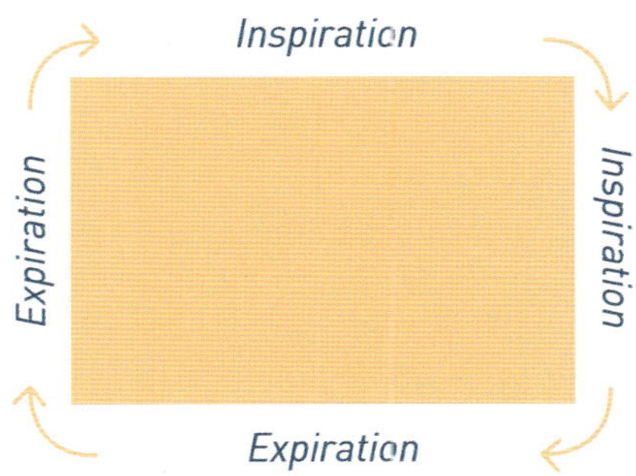

C | La respiration de la main

2-5 minutes, enfants assis, feuille et crayon en option.

Demander aux élèves de poser une de leurs mains ouverte et à plat sur leur table. Leur donner ensuite les instructions suivantes tout en leur montrant le geste à effectuer :

« Positionnez l'index de votre main droite (le montrer) **en bas du pouce de votre main gauche ;**

Remontez doucement le long de la courbe de votre pouce en inspirant par le nez ;

Une fois arrivé en haut, descendez doucement avec votre index jusqu'au creux, en expirant doucement par la bouche ;

Recommencez ainsi avec les autres doigts : à chaque doigt, suivez la courbe avec votre index. Quand vous remontez doucement, vous inspirez par le nez, et quand vous redescendez, vous expirez par la bouche ;

Vous continuez ainsi doucement jusqu'au dernier petit doigt. »

L'exercice peut s'arrêter là. On peut aussi demander aux enfants, une fois arrivés au dernier doigt (donc l'auriculaire) de faire la même chose mais en sens inverse et jusqu'au pouce.

Variantes et prolongements

- Demander aux enfants de poser leur main sur une feuille et l'exercice se fait non pas avec l'index mais avec un crayon.
- Les enfants dessinent les contours de leur main sur une feuille en même temps qu'ils respirent. On peut aussi procéder en deux temps : dessiner d'abord le contour de la main puis faire l'exercice avec l'index en suivant ses contours.
- L'activité peut se faire tous ensemble ou chacun à son rythme.

Idée de prolongement en atelier de peinture (main d'un élève de MS).

D | La respiration de l'arbre

2-5 minutes, enfants debout.

Les enfants sont debout. Ils peuvent choisir d'avoir les yeux ouverts ou fermés ou tout simplement de baisser le regard.

Lentement, leur donner les instructions suivantes :

« Imaginez que vous êtes un arbre. Vos mains levées vers le ciel sont vos branches, le reste le tronc de l'arbre. Regardez comme ensemble vous formez une belle forêt. Le vent souffle et les arbres vont bouger à leur rythme pour former une belle danse. Je vais d'abord vous montrer cette danse de l'arbre avant que vous ne la reproduisiez.

Vous inspirez doucement pendant que vous levez tranquillement les bras vers le ciel, aussi haut que possible. Une fois là-haut, vous rassemblez les paumes de vos mains au-dessus de votre tête. Vous imaginez que vous êtes aussi haut qu'un grand arbre.

À l'expiration, tranquillement, vous ramenez vos mains devant votre poitrine. Puis, on recommence plusieurs fois. Vous êtes prêts ? C'est parti ! »

Recommencer plusieurs fois l'exercice.

E | Zen

3-5 minutes, enfants allongés.

« Mettez-vous sur le dos, les jambes allongées, les pieds décroisés, les bras de chaque côté de votre corps. Inspirez par le nez et prenez tout l'air que vous pouvez, le plus possible. Imaginez que votre ventre est un ballon tout rond et que vous gonflez ce ballon avec l'air que vous inspirez. Dégonflez votre ventre en expirant par la bouche. »

Vous pouvez choisir de placer un petit objet sur le ventre des élèves pour qu'ils le voient bouger au rythme de leurs respirations. Les inviter sinon à placer leurs mains sur leur ventre.

Dans tous les cas et comme à chaque fois, organiser un retour sur l'activité pour recueillir les ressentis de chacun.

F | La relaxation musculaire progressive

5 minutes, enfants debout.

« Nous allons faire ensemble un exercice qui devrait nous faire du bien et nous détendre. Nous allons relaxer les muscles de notre corps progressivement, les uns après les autres.

D'abord, nous allons commencer par le visage. Froncez le nez comme si vous sentiez quelque chose qui sent mauvais. Oh là là, ça vous dégoute. Faites de belles grimaces. Serrez très fort les paupières, les yeux. Puis relâchez tout votre visage. On va le refaire et observer en silence ce qui se passe après, comment on se sent.

Ensuite, la mâchoire (la montrer) **: serrez maintenant les dents, comme si vous mordiez dans quelque chose. Puis ouvrez la bouche. On va le refaire et observer en silence ce qui se passe après, comment on se sent.**

Les bras et les épaules : étirez les bras devant vous, puis levez-les au-dessus de votre tête et étirez-les aussi haut que possible, comme si vous vouliez toucher le ciel. Puis relâchez les bras et laissez-les tomber. On va le refaire et observer en silence ce qui se passe après, comment on se sent.

Les mains et les bras : serrez très fort le poing de votre main gauche, comme si vous écrasiez quelque chose avec votre main. Puis, ouvrez le poing et relâchez la main. On va le refaire avec la main droite et observer en silence ce qui se passe après, comment on se sent.

Les jambes et les pieds : appuyez vos pieds sur le sol comme si vous vouliez vous enfoncer dedans. Appuyez d'abord une jambe, puis relâchez... puis l'autre jambe, et relâchez. On va le refaire et observer en silence ce qui se passe après, comment on se sent.

Enfin, pour terminer, on contracte tout le corps en entier (bien montrer ce mouvement) **et en même temps, sans oublier une partie, puis on relâche. »**

Demander aux enfants comment ils se sentent. Est-ce que cela les a apaisés ?

Variantes

- **Tendu, tranquille[3]**

« Allongez-vous sur le dos (si cela n'est pas possible, les enfants peuvent rester assis ou debout)**, les jambes allongées et décroisées, les bras de chaque côté de votre corps.**

3. Inspiré et adapté de : http://le-singe-pelerin.over-blog.com/page-5334022.html

Tendu, tendu ! Fermez les poings et mettez toute votre force dans vos bras. Pointez les pieds et mettez toute votre force dans vos cuisses et dans vos jambes. Votre corps est dur comme une pierre, tendu comme un arc !

Tranquille, tranquille ! Détendez vos pieds, vos cuisses, vos jambes. Détendez aussi vos mains et vos bras. Votre corps est tranquille, tout mou, comme un spaghetti !

Tendu, tendu ! Serrez les poings, vos bras sont durs comme la pierre ! Pointez les pieds, vos cuisses et vos jambes sont dures comme de la pierre ! Tout est tendu.

Tranquille, tranquille !! Détendez-vous. Votre corps est mou comme un spaghetti.

Tranquille, relaxé, mou, détendu. »

Laisser les élèves reproduire l'activité s'ils le souhaitent.

• Tranquille (GS, 5-10 minutes)

Lentement, donner les instructions suivantes :

« Lorsque nous sommes bien, confortables, tranquilles, notre corps se sent détendu, relâché, relaxé, zen, tout mou (faire le lien au besoin avec l'activité précédente). **Nous allons maintenant fermer les yeux et imaginer notre corps quand il est détendu, tout mou. Notre corps tout calme, on va l'appeler Tranquille. Si Tranquille était un animal, une plante, un objet... que serait-il ? À quoi ressemblerait-il ? Serait-il petit ou grand ? doux ? Gratterait-il ? De quelle couleur serait-il ? Aurait-il un nom particulier ? »**

Demander aux enfants le nom donné à leur Tranquille et leur poser des questions pour les aider à le décrire. Leur Tranquille est-il gros, petit, doux... ?

Exemples : Mon tranquille est comme du coton, tout doux. Moi, c'est mon doudou. Moi, c'est mon chat...

« Maintenant, nous allons à nouveau fermer les yeux. Imaginez que vous devenez le Tranquille auquel vous avez pensé. Imaginez être cet animal ou cet arbre, cette plante… Entrez dans sa peau, entrez dans ses sensations… Observez bien ce qui change, comment votre respiration se fait plus profonde, plus détendue… (laisser un petit moment de silence) **Préparez-vous à revenir à votre état normal. »**

Les enfants expriment ce qu'ils ont ressenti en imaginant Tranquille : « du repos, le calme, j'ai pas réussi (accueillir cela aussi), ça m'a rassuré, ça m'a rendu tranquille… »

Leur expliquer que lorsqu'ils ne se sentent pas bien ou qu'ils sont tristes, ils peuvent respirer lentement et profondément et imaginer qu'ils deviennent le Tranquille qu'ils ont imaginé[4].

Les enfants peuvent aussi dessiner leur Tranquille et l'afficher au mur ou le garder près d'eux comme un ami durant leur journée.

Prolongement

Vous pouvez choisir d'illustrer chacun des rituels proposés autour de la respiration par une photo et un picto, et les afficher dans le coin émotions. Ainsi, quand un enfant en ressentira le besoin, il pourra aller se ressourcer et s'apaiser en choisissant une activité à faire de manière autonome.

Exemple de panneau recensant les activités de respiration à faire en autonomie dans le coin émotions d'une classe de PS-MS-GS.

4. Activité adaptée de Michel Claeys Bouuaert, « L'éducation émotionnelle de la maternelle au lycée. 200 activités pédagogiques et ludiques », 2013. http://www.education-emotionnelle.com/wp-content/uploads/2012/08/L%C3%A9ducation-%C3%A9motionnelle-de-la-maternelle-au-lyc%C3%A9e.pdf

3 | Rituels de pleine attention

Aménager un coin des émotions

La pleine attention, c'est être pleinement conscient de ce que l'on fait, c'est être présent à l'expérience du moment, sans porter de jugement. C'est passer du mode « faire » au mode « être », en prenant le temps de se connecter à soi et à l'expérience vécue.

Pratiquer la pleine attention, c'est avoir conscience de ses pensées, de ses émotions et de ses sensations corporelles. La pleine attention se fonde surtout sur la respiration et peut aider les enfants à s'apaiser, à se concentrer et à mieux réguler leurs émotions. Le besoin de faire une pause corporelle peut se faire ressentir dans un monde qui va vite et dans lequel les apprentissages se succèdent les uns aux autres en un temps record.

Les enfants sont des êtres naturellement et pleinement présents à ce qu'ils font, ils ne sont pas dans le passé ni dans le futur, ils sont simplement là, ici et maintenant.

La pratique régulière de la pleine attention a une validation scientifique reconnue même si elle demande à être consolidée dans le contexte scolaire. Elle permet d'être plus ancré, relié à soi, au monde et aux autres et de s'engager pleinement dans un apprentissage. Elle permet aussi d'être plus attentif, persévérant et plus créatif dans l'apprentissage. Elle favorise ainsi les conditions d'une motivation durable.

Plus on la pratique, plus on sera à l'aise et plus on en ressentira les bienfaits. C'est donc une pratique à ritualiser autant que faire se peut, pour ses élèves comme pour soi.

Objectifs
- Se connecter au moment présent et à son corps.
- Développer les capacités attentionnelles.

Il pourrait être judicieux de créer un espace dans la classe où les enfants auraient le loisir de se mettre en retrait et se poser lorsqu'ils en ressentent le besoin, par exemple lorsqu'ils ont des difficultés à gérer leurs émotions. Avec l'aide des élèves, vous pouvez y déposer quelques objets qui pourront leur permettre de passer un moment de calme et d'apaisement : un sablier, un jardin zen, une petite plante, un coquillage, une jolie pierre, une peluche, une photo inspirant le calme, un livre sur les émotions ou encore des coussins, des enregistrements audio, etc. Ils pourraient par exemple s'assoir sur un coussin, respirer et ne rien faire pendant quelques minutes. Ils pourraient aussi avoir accès à un enregistrement d'une méditation courte qu'ils pourraient choisir de faire à leur guise au cours de la journée. Ils pourraient s'installer et cajoler la mascotte (voir chapitre 1, p. 69) ou la peluche de la joie, du calme, etc.

Exemple de coin des émotions en classe de PS-MS-GS.

À l'occasion de ces rituels, expliquer aux enfants qu'ils développent ainsi leur force de la maitrise de soi. Cette force nous permet d'être maitres de nous-mêmes : maitre de sa tête, maitre de son cœur et maitre de son corps (pensées, émotions, comportements). C'est aussi une force qui nous permet de mieux gérer et contrôler notre colère.

A | Détective de son corps

GS, 5-10 minutes, enfants assis.

Veiller à ce que chacun soit assis (par terre ou sur une chaise) et lentement, d'une voix calme et posée, donner les instructions suivantes.

« Pendant cet exercice, nous allons être de véritables détectives de notre corps. Nous allons explorer chacune de ses parties. Vous le connaissez votre corps ? Est-ce que certains d'entre vous peuvent nous dire comment s'appellent ses différentes parties ? (Les enfants volontaires se lèvent et nomment certaines parties en les montrant. Les autres peuvent répéter.) **Je tiens à vous féliciter, vous êtes de véritables détectives. Maintenant, nous allons continuer l'exercice ou plutôt notre enquête. Peut-être que vous allez trouver ça agréable, désagréable, difficile, peut-être pas. Vous nous direz après. Essayez pour l'instant d'être très attentifs pour découvrir tous les secrets que votre corps a à vous dire. On commence ? Vous êtes prêts ?**

Redressez-vous sur votre chaise, le dos droit contre le dossier et les deux pieds à plat sur le sol. Posez les mains sur vos genoux.

Fermez les yeux. Observez les mouvements de votre respiration. Où sentez-vous votre respiration ? Peut-être dans votre cœur ? Vous pouvez poser votre main sur votre cœur pour en ressentir les battements. Peut-être sentez-vous votre respiration dans votre ventre qui se gonfle et se dégonfle, comme un ballon ? Vous pouvez poser votre main sur votre ventre pour mieux sentir ses mouvements. Peut-être sentez-vous l'air qui passe dans vos narines, le froid quand il entre et que vous inspirez, l'air chaud quand il ressort et que vous expirez…

On va maintenant porter toute notre attention sur nos pieds. Sentez le sol. Sentez vos chaussures. Peut-être que vous vous sentez bien dedans, peut-être pas. Pour l'instant, c'est comme ça. On écoute tranquillement notre corps et ce qu'il nous dit, tout simplement, en essayant de ne penser à rien d'autre.

Explorez maintenant le bas de vos jambes. Mettez toute votre attention sur le bas de vos jambes, ce qu'on appelle les chevilles et les mollets. Remontez doucement aux genoux, puis aux cuisses, puis aux fesses. Est-ce que vous sentez votre chaise sous vos cuisses et sous vos fesses ? Est-ce que vous sentez votre vêtement contre votre peau ?

Maintenant, les détectives que vous êtes examinent attentivement votre ventre. Vous le sentez peut-être qui bouge doucement au rythme de votre respiration. Peut-être que ça gargouille et que ça fait de drôles de bruits. Peut-être que vous ne ressentez rien et c'est comme ça.

L'enquête de votre corps est presque finie. Allez explorer votre dos, vos épaules, vos bras, vos mains. Peut-être que vous ressentez des petites douleurs, des petites gênes. Peut-être que vous ne ressentez rien et c'est possible aussi.

Passons maintenant à votre visage. Le front. Les yeux. Les joues. La bouche. Est-ce plutôt tranquille par ici ou le détective que vous êtes ressent-il quelque chose de particulier : une dent qui pousse ou qui va tomber, des yeux fatigués ?

Toujours en fermant les yeux, enquêtez maintenant sur tout votre corps, toutes ses parties qui sont reliées les unes aux autres, comme si elles étaient attachées. Sentez le souffle d'air qui rentre par votre nez ou votre bouche. »

Quand vous êtes prêts, vous pouvez ouvrir les yeux, et vous étirez, tranquillement, doucement. Comment vous sentez-vous ? Est-ce que vous, les détectives, avez quelque chose à dire ? Qu'avez-vous appris de cette enquête ? Avez-vous ressenti des choses ou rien ? Des choses agréables, désagréables ? »

Organiser un retour sur l'activité.

Variantes

Pour aider les élèves, au fur et à mesure que vous menez l'activité, vous pouvez leur demander d'imaginer :

- colorier progressivement leur corps d'une couleur qu'ils auront choisie ;
- être une petite fourmi qui fait tout doucement le tour du corps (ou tout autre animal qu'ils auront choisi).

Prolongement

• La silhouette

À l'issue de cette activité et pour aider les élèves à développer leur langage corporel et à prendre conscience de leurs ressentis, vous pouvez proposer aux volontaires de venir montrer sur une silhouette vierge les zones du corps où ils ont ressenti des choses, les zones où ils n'ont rien ressenti, etc. Vous pouvez aussi leur poser des questions en montrant la zone concernée sur la silhouette : « Est-ce que l'un d'entre vous a ressenti quelque chose au visage, à la paupière, à l'annulaire, à la cheville, au mollet... ? »

B | La météo intérieure

GS, 5-10 minutes, enfants assis ou allongés.

Ce rituel est une autre manière de permettre aux enfants de se connecter à leur corps, à leur état intérieur. Il est aussi pour vous une manière de prendre la température émotionnelle de la classe, grâce à l'échange qui le suit.

Animer ce rituel d'une voix calme et posée.

« Asseyez-vous (ou allongez-vous) confortablement. Ce matin (si c'est le cas bien sûr)**, nous avons parlé de la météo, du temps qu'il fait dehors. Eh bien, nous allons tenter une expérience incroyable. Nous allons explorer le ciel de notre météo à nous, notre météo intérieure. Quel temps fait-il à l'intérieur de vous ? Fait-il plutôt beau ou pas beau ? Je vais vous guider, vous allez voir. Il est important de bien garder le silence pendant cette activité pour que nous puissions tous être bien concentrés et réussir à observer notre météo intérieure. Fermez les yeux, respirez tranquillement. Vous pouvez mettre la main sur votre ventre pour sentir les mouvements de votre respiration.**

Alors, est-ce qu'il fait beau à l'intérieur de vous ? Êtes-vous détendus, calmes, tranquilles ? Est-ce qu'au contraire votre ciel est agité, est-ce qu'il y a du vent, des nuages, des éclairs ? Est-ce qu'il pleut ? Votre ciel est-il gris, triste ? Est-ce qu'il y a un soleil de temps en temps, caché par des nuages qui passent ? Est-ce que le ciel de votre météo est plutôt coloré, sombre ? Tout comme le temps qu'il fait dehors, vous ne pouvez pas changer celui qu'il fait à l'intérieur de vous. Continuez d'observer le ciel de votre météo intérieure : le soleil, les nuages, la pluie... Ce n'est pas possible de changer ses émotions d'un coup. Mais, à un autre moment de la journée, le temps aura changé... Les émotions passent, changent, partent et reviennent. C'est comme ça.

Quand vous êtes prêts, ouvrez tranquillement vos yeux, étirez-vous, bâillez si vous le souhaitez. »

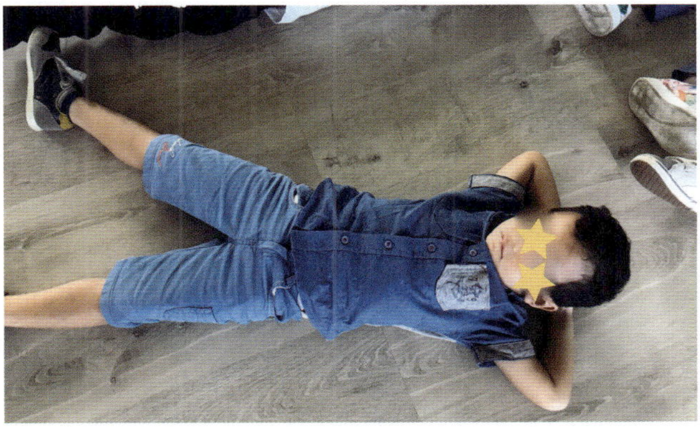

Élève de GS pendant le rituel de la météo intérieure.

Comme toujours, organiser un retour sur l'activité, par exemple :

« Est-ce que quelqu'un veut nous décrire le ciel de sa météo intérieure ? Est-ce qu'il est ensoleillé, nuageux, pluvieux ? Est-ce qu'il y en a qui veulent venir le montrer à l'aide des petits dessins de météo dont on se sert le matin ? Qui a une météo très ensoleillée, qui ressent de la joie et qui a envie de la partager ? Qui a une météo nuageuse et qui ressent de la tristesse ou de colère ? Que faire pour être moins triste ou moins en colère ? »

Précisons qu'exprimer le ciel de sa météo intérieure est une invitation, en aucun cas une obligation. Il est important de laisser aux enfants la liberté de le partager, d'en donner les raisons ou enfin de choisir le moment de l'exprimer. Si on oblige les enfants à parler à tout prix alors qu'ils n'en éprouvent pas l'envie ou le besoin, les plus fragiles ou les plus timides risquent d'afficher systématiquement un soleil pour ne pas être importunés. Cela serait improductif.

Rappelons que l'objectif de ce rituel est progressivement d'accueillir l'émotion, de l'exprimer pour ensuite la réguler. Comme pour tout apprentissage, cela peut prendre plus ou moins de temps, être plus ou moins facile. Et pour partager cet état intérieur, encore faut-il avoir les moyens de l'exprimer ou de se sentir suffisamment en confiance.

Il est important de varier les types de rituels car certains peuvent être plus ou moins confortables pour les enfants. Il convient en permanence d'osciller entre le connu et l'inconnu pour continuer d'engager les élèves dans cet apprentissage et éveiller leur curiosité.

Prolongements

- Dessiner le ciel de cette météo intérieure avec des feutres, des crayons, des gommettes, du collage ou des mandalas. Une grande frise collective peut aussi être conçue pour montrer la « météo de la classe ».

Au cours d'un atelier de peinture, deux élèves de GS se préparent à peindre le ciel de leur météo intérieure.

- **Le carnet de ma météo intérieure**

Il s'agit de progressivement faire le portrait de chacune des émotions primaires et de constituer pour chaque élève, un carnet répertoriant l'ensemble du travail et les rituels en lien avec cet apprentissage des compétences émotionnelles. Pour chacune d'elles, l'objectif est d'aider progressivement l'enfant à satisfaire le besoin exprimé par l'émotion en question, avec l'aide de ceux qui l'entourent. L'élève pourra ainsi utiliser son carnet pour exprimer sa météo intérieure. Un carnet peut être à disposition dans le coin des émotions, rapporté à la maison, utilisé le matin comme un rituel pour commencer la journée, etc.

Un carnet de météo intérieure en classe de PS-MS-GS.

C | La marche des émotions

MS-GS, 5-10 minutes, élèves debout dans l'espace rassemblement, dans la cour de récréation ou dans la salle de motricité.

Introduire le rituel :

« Selon l'émotion que nous ressentons, tout notre corps prend une attitude et une posture différentes : notre visage, nos expressions, notre voix, notre dos, nos épaules... Si nous sommes joyeux, nous marcherons sans doute plus vite, nous sauterons peut-être. Si nous sommes tristes, ce sera probablement l'inverse. Nous marcherons plus lentement, tête et épaules baissées, on manquera d'énergie. Dans cette activité, nous allons découvrir comment notre corps et la façon dont on se tient peuvent nous aider à nous sentir mieux.

Tranquillement, vous allez vous mettre debout. Relâchez les épaules, laissez tomber les bras, sentez-les tout mous, penchez la tête vers le bas, respirez vite... (montrer). **Comment vous sentez-vous : pas en forme, tristes, peureux... ?** (Temps de partage). **Maintenant, relevez la tête, redressez les épaules, gardez le dos droit, respirez plus lentement... Souriez...** (montrer). **Comment vous sentez-vous : joyeux, calmes, heureux... ? »**

Après le temps de partage, proposer aux enfants de marcher selon une certaine émotion ressentie. Comment marchons-nous lorsque nous sommes fiers comme lorsqu'on a réussi quelque chose de difficile, lorsque nous avons peur, lorsque nous sommes en colère, excités, surpris... ? Aider les enfants en leur montrant certaines postures si besoin.

Temps d'échange : demander aux élèves de partager leurs impressions. Ont-ils ressenti une différence dans les manières de marcher ? Leur émotion changeait-elle selon la manière de marcher ? Quand ils marchaient « tristes », peut-être se sentaient-ils plus tristes...

Si vous souhaitez que vos élèves retrouvent de l'énergie, terminez le rituel plutôt par une marche agréable, joyeuse, festive.

Exemple de marche de la tristesse dans une classe de MS-GS : les enfants expriment l'émotion de la tristesse (ils se frottent les yeux par exemple), puis ils se réconfortent pour répondre au besoin de cette émotion. Et ça va tout de suite mieux !

D | Mon corps sourit !

MS-GS, 5-10 minutes, enfants assis.

Juste avant ce rituel, montrer aux enfants où se situe le cœur et leur demander de poser une main dessus. Sentent-ils ses battements ? Puis, lentement, donner les instructions suivantes :

« Asseyez-vous confortablement. Fermez les yeux. Observez les mouvements de votre respiration jusqu'à ce qu'elle devienne très calme, au niveau du cœur, du ventre, de la bouche et du nez. Cela peut prendre un petit peu de temps. Lorsque vous sentez votre corps tranquille, relaxé, calme, commencez à sourire légèrement. Un sourire doit apparaitre sur votre visage.

Maintenant, posez votre main sur votre cœur. Imaginez qu'il y a un sourire dans votre cœur. C'est un sourire qui vient de l'intérieur. Est-ce que vous le voyez ? Peut-être que vous sentez un peu de chaleur au niveau du cœur. Peut-être que

cela vous fait du bien. Peut-être que vous ne ressentez rien pour l'instant, et c'est comme ça.

Posez maintenant votre main sur votre ventre. Est-ce que vous pouvez imaginer un sourire dans votre ventre ?

Imaginez maintenant que ce sourire est dans toutes les parties de votre corps : les pieds, les jambes, les bras, la tête... Peut-être que cela vous apaise et vous détend, que vous trouvez ça agréable.

Respirez lentement et sentez tout votre corps qui sourit doucement. Peut-être ressentez-vous de la chaleur et que c'est agréable.

Quand vous êtes prêts, tranquillement et en gardant le sourire sur votre visage, vous pouvez ouvrir les yeux. »

Les enfants ouvrent les yeux et observent les sourires affichés de leurs camarades.

Comme après chaque activité, organiser un retour. Demander d'abord aux élèves d'observer s'ils voient des sourires sur les visages de leurs camarades, puis s'ils se sentent plus détendus, calmes, reposés.

E | Colorier un mandala

MS-GS, durée variable (le mandala peut être colorié en plusieurs fois), des mandalas, un sablier.

Le mandala, ce n'est pas un coloriage comme les autres[5]. Il a des vertus qu'un coloriage libre ou qu'un quadrillage n'a pas. Il aide à se concentrer, se recentrer, revenir à l'instant présent et gérer ses émotions. En effet, le fait de porter toute son attention sur le dessin entraine naturellement un état de détente, de calme et de paix.

Vous pouvez proposer un choix de plusieurs mandalas à colorier et mettre une musique apaisante en fond sonore pendant que les élèves procèdent au coloriage, sans bruit. Un temps calme d'au moins quelques minutes qui peut être rythmé par un sablier visible de tous. Si un enfant a terminé un mandala, il peut dans le calme aller en choisir un autre.

5. Voir les ouvrages de Laurence Luyé-Tanet sur les mandalas. *Mandala. Fil de vie vers son expression créatrice*, Dangles, 2007 ; *Mandala, au fil des saisons*, Dangles, 2011 ; *Se ressourcer avec le mandala*, Solar, 2013.

Mandala effectué dans une classe de GS.

Pour introduire les rituels sur les mandalas ou en guise de prolongement (travailler le mandala avec le corps, la farine, les gommettes et des objets de la classe), n'hésitez pas à consulter ce document partagé sur le portail de l'académie de Grenoble, qui recense de nombreuses pistes pour une séquence pédagogique sur les mandalas en cycle 1[6] : http://www.ac-grenoble.fr/portail-pedagogique07/histoire_art/file/mandalas/sequence_mandalas_maternelle.pdf

F | La cocotte de l'attention

Objectif	Regrouper les rituels expérimentés par les élèves pour favoriser leur ritualisation sous forme ludique.
Durée	5-15 minutes.
Niveaux	PS-MS-GS (à simplifier pour les plus jeunes).
Matériel	Une ou plusieurs cocottes en papier vierge ou la cocotte de l'attention proposée en téléchargement.

Préparation

Fabriquer une cocotte selon les consignes suivantes, si possible en grand format. Elle sera collective, commune à toute la classe.

Il est proposé en téléchargement une cocotte de l'attention vierge et une cocotte de l'attention déjà complétée.

6. Document réalisé par Sylvie Baux-Peyrat, conseillère pédagogique en arts visuels de l'Ardèche, février 2013.

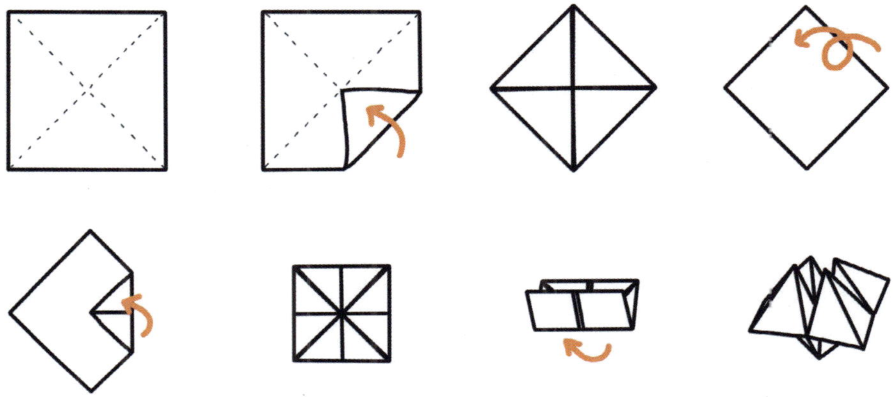

Si vous choisissez le modèle vierge de cocotte de l'attention, écrivez ou symbolisez sur chacune des faces une technique de respiration (et/ou de pleine attention) expérimentée en classe et aimée des élèves.

Exemples : Colorier un mandala, cohérence cardiaque visuelle, cohérence cardiaque sonore, respiration de la main, respiration zen, détective de son corps, respiration du carré, Tranquille, la météo intérieure, la marche des émotions…

Vous pouvez mettre une gommette de couleur différente sur chacune des faces pour faciliter le choix des élèves lors de l'activité.

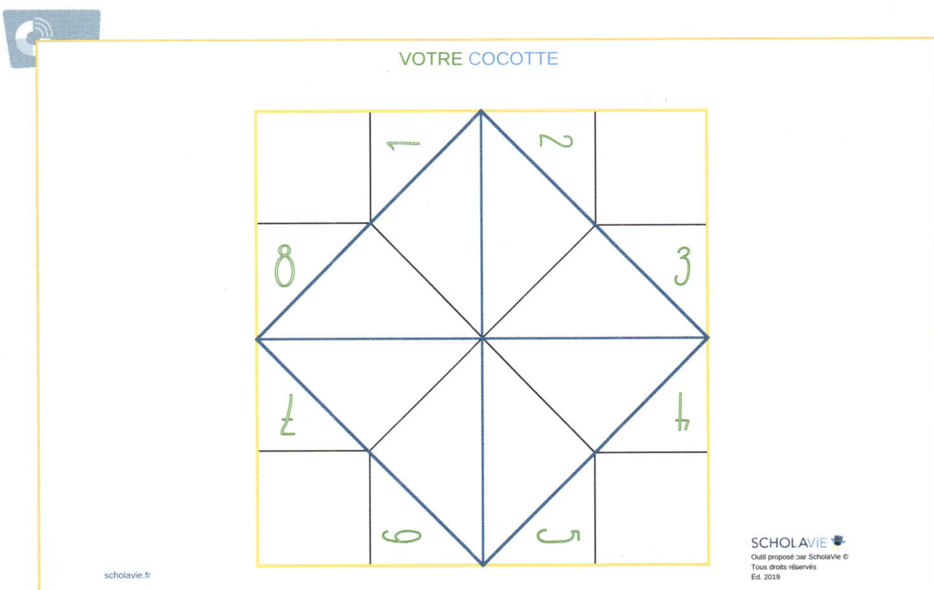

Cocotte de l'attention (version vierge) à remplir selon les rituels que vous avez expérimentés en classe.

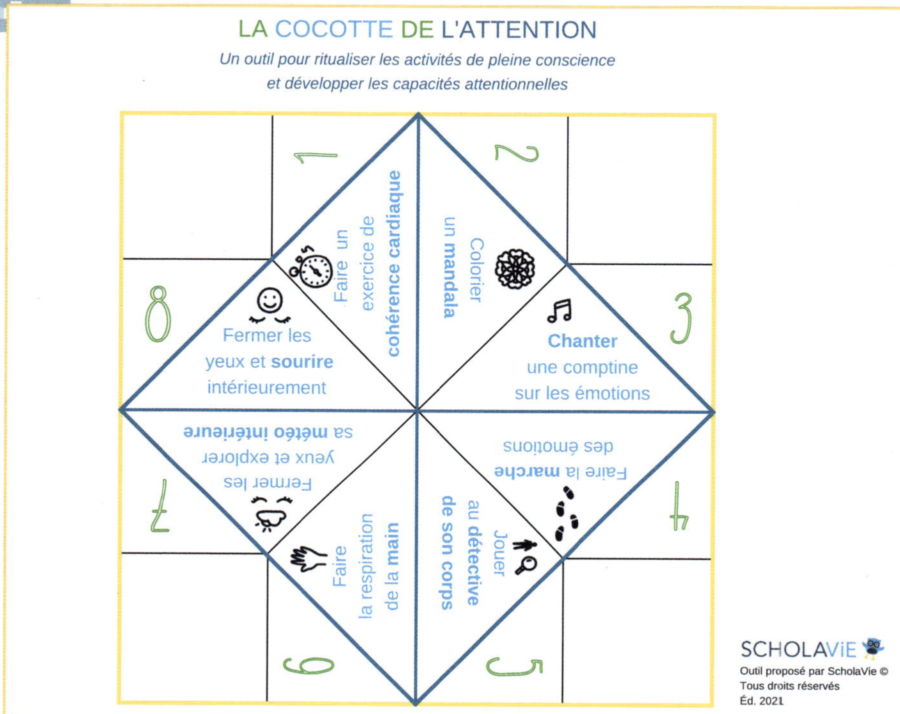

Cocotte de l'attention complétée.

Pour qu'un rituel ne soit pas routinier, il faut le faire varier. Cette cocotte peut donc évoluer. Vous pouvez aussi la fabriquer avec vos élèves en organisant un petit sondage : quelles sont les activités que vous préférez ? Celles que vous voulez remplacer ?

Déroulement

Présenter la cocotte aux enfants :

« Savez-vous ce qu'est cet objet ? Y avez-vous déjà joué ? Il s'agit d'une cocotte en papier (la décrire : faire compter le nombre de ses faces, nommer les couleurs, les dessins ou pictos qu'ils reconnaissent). **Elle regroupe les activités qu'on a expérimentées ensemble pour nous apaiser et nous ressourcer** (les citer ou les faire deviner). **L'idée est d'utiliser ensemble cette cocotte quand on sent qu'on en a besoin parce qu'on est fatigués ou parce qu'on a du mal à se concentrer, à travailler, à être calmes. On peut l'utiliser après une récréation par exemple ou entre deux activités. Je vais aussi en laisser une dans le coin des émotions que vous pourrez utiliser seuls quand vous en ressentirez le besoin. »**

Faites une démonstration en appelant deux élèves volontaires. L'un des joueurs tient la cocotte dans les mains et demande à l'autre de dire un nombre entre 1 et 5 ou entre 1 et 10 (à adapter en fonction de l'âge des élèves). Il ouvre et ferme la cocotte autant de fois que nécessaire pour tomber sur le nombre indiqué. Ensuite, il demande à l'autre joueur de choisir l'une des quatre faces représentées par un mot, un symbole et/ou une couleur. L'enfant dévoile et décrit le contenu caché de cette face. Soit l'activité est dessinée ou symbolisée et les enfants peuvent la comprendre et la partager, soit c'est un très court texte et l'aide de l'enseignant est alors nécessaire.

Prolongements

• Le chemin de l'attention

Imprimer à partir des ressources numériques le chemin de l'attention au format A4 ou A3.

Présenter l'outil (voir page suivante) :

« Il s'agit d'un chemin sur lequel on va avancer ensemble. C'est le chemin que l'on peut faire pour nous aider à être plus attentifs et peut-être plus calmes. C'est pourquoi ce chemin s'appelle le chemin de l'attention. Nous allons petit à petit découvrir ce chemin et avancer dessus, à notre rythme. L'un d'entre vous va lancer le dé et ensemble nous réaliserons l'activité qui correspond au nombre figurant sur le dé. Alors, vous êtes prêts pour le voyage ? »

> **Exemple :** Romy lance le dé et obtient le nombre 3. Il s'agira alors de faire l'activité 3 qui se trouve sur la case 3 : détective de son corps (voir p. 114).

Vous pouvez décider de parcourir ce chemin en une ou plusieurs semaines, ou de faire une activité bleue et une activité verte chaque jour. Les activités vertes correspondent aux activités dites formelles, de pleine conscience, les bleues aux activités informelles. Celles en vert sont plutôt à effectuer en position assise, confortable et en fermant les yeux. Celles en bleu sont des activités quotidiennes que l'on invite à vivre en étant pleinement conscient de ses ressentis, émotions et pensées.

Vous pouvez aussi concevoir votre propre chemin de l'attention, avec l'aide de vos élèves : le chemin de l'attention propre à la classe. Plus on avance sur ce chemin, plus il comportera de cases. Une belle manière d'observer le chemin parcouru ! Vous pouvez l'illustrer par des photos d'enfants en situation, par des retours d'expérience, par des smileys, etc.

Vous pouvez tracer ce chemin à la craie au sol, dans la classe ou dans la cour de récréation (pour inspirer les autres ou pour jouer à la manière d'une marelle).

LE CHEMIN DE L'ATTENTION

Un chemin pour s'apaiser

1 STOP !
3 min

Quand j'entends le signal,
je ne bouge plus et j'observe :
- ce que je suis en train de **faire** ;
- la manière dont je suis **assis** ;
- si je suis **bien** ;
- les **sons** que j'entends ;
- les **odeurs** que je peux sentir ;
- les **personnes** à côté de moi ;
- ma **respiration**, etc.

2 Miam ?
3 min

Je mange un aliment comme si je le découvrais pour la première fois :
- je le **regarde**, je le **touche**, je le **sens** ;
- je le pose sur ma **langue**, je le **croque**, je **l'avale** tranquillement et j'**observe** ce qui se passe dans mon corps et dans ma tête.

3 Détective de mon corps
3 min

Je m'installe confortablement, assis ou allongé :
- je me concentre d'abord sur ma **respiration** ;
- puis sur **chacune des parties de mon corps**, les unes après les autres : les pieds, les jambes, etc.
- Que se passe-t-il ?

4 En marche !
3 min

Je marche lentement en observant attentivement :
- les mouvements de mon **corps**, de mes pieds, de mes bras ;
- le **toucher** de mes pas sur le sol ;
- ma **respiration** ;
- les **sons** que j'entends ;
- les **odeurs** que je pense sentir ;
- l'**endroit** où je me trouve...

5 Respire !
3 min

Je ferme les yeux. Je mets une main sur mon **cœur** et une autre sur mon **ventre**.
Je me concentre sur ma respiration :
- je sens l'**air** qui entre par les narines ou par ma bouche, mon ventre qui se gonfle et se dégonfle, les battements de mon cœur, etc. ;
- puis j'ouvre les yeux et je m'**étire** comme un chat.

6 Écoute la musique !
3 min

Je m'assois confortablement, je peux fermer les yeux et j'écoute la musique :
- Est-ce qu'elle me fait du bien ?
- Est-ce qu'elle est forte ou pas ?
- Est-ce que je l'aime ?
- À quoi me fait-elle penser ?

SCHOLAVIE

scholavie.fr

• La roue des pauses

Au fur et à mesure que la classe expérimente des activités apaisantes de retour au calme et de régulation émotionnelle, vous pouvez recenser celles qui fonctionnent le mieux, les plus appréciées, les plus adaptées. Vous pouvez aussi en proposer d'autres et ensuite toutes les regrouper dans une roue des pauses collective à fabriquer en amont et à faire tourner au gré des besoins. Cette roue des pauses peut être affichée au mur, proposée dans le coin des émotions et varier au gré des expérimentations et des retours.

Autant de rituels qui seront peut-être des moments privilégiés permettant à chacun de se ressourcer et de s'apaiser. Ces pauses vous permettront aussi de capter l'attention de vos élèves et de la maintenir dans le temps. Cet outil permet donc de ritualiser des pauses attentionnelles.

Prolongement pour les GS : Au cours d'un atelier, faire fabriquer et illustrer par les élèves une roue simplifiée (2 ou 4 parties) qu'ils pourront utiliser de manière individuelle, à l'école ou à la maison.

Deux roues des pauses sont proposées dans les ressources numériques : une complétée avec des activités apaisantes (voir page suivante) et une vierge pour que vous puissiez concevoir la roue des pauses de votre classe.

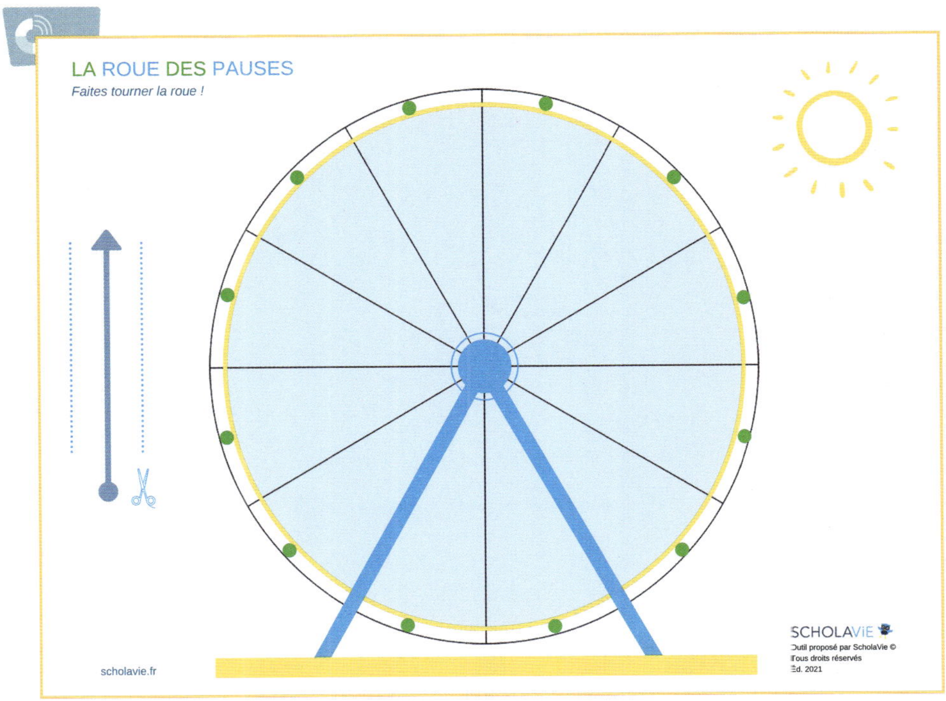

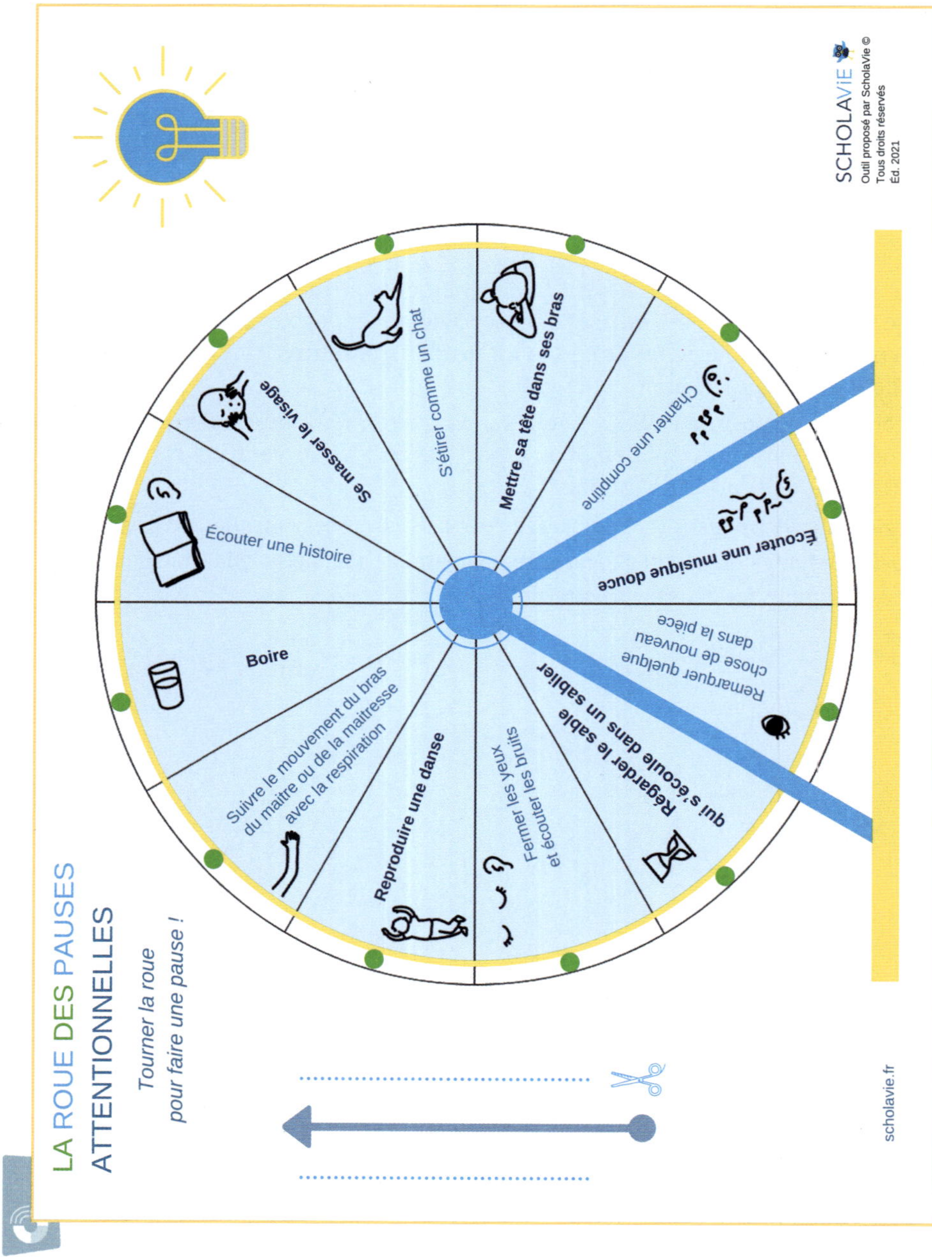

Cet exemple de roue des pauses intègre aussi bien des activités pour renforcer la pleine attention que des activités pour se réénergiser.

À vous de concevoir cette roue des pauses en fonction des objectifs visés.

Rituels pour bien vivre ensemble

La plupart des rituels proposés dans ce chapitre permettent de développer certaines compétences sociales et aussi de vivre de nombreuses émotions agréables, dont on sait combien elles favorisent l'apprentissage.

Ces activités peuvent être organisées n'importe quand dans la journée, quand le besoin s'en fait sentir : au retour de la récréation, entre deux activités, après la sieste, etc. Plus elles sont régulières et fréquentes, plus les bienfaits s'en feront ressentir. C'est une invitation à les ritualiser !

Dans cette comptine qui ouvre le chapitre, vous trouverez les ingrédients principaux des relations positives et du vivre ensemble : humour, écoute, respect, gentillesse, auxquels on peut ajouter bien sûr empathie et coopération. Autant de compétences émotionnelles et sociales à cultiver au quotidien pour un climat de classe serein.

3 Comptine du vivre ensemble

Sur l'air de : « Au clair de la lune »

Pour bien vivre ensemble
Toute la journée
Je choisis de rire
Et de m'amuser
Tout en écoutant
Et en respectant les autres
Si j'me montre gentil
Tout le monde me sourit

SCHOLAVIE

Pour aborder ces rituels avec les élèves, vous pouvez leur proposer cette activité introductive : la recette pour passer une bonne journée.

Cette activité permet de prendre conscience des compétences et des habiletés à développer pour bien vivre ensemble pendant une journée d'école. Il est important de la ritualiser car il y a de fortes chances pour que les ingrédients partagés évoluent en fonction de la vie de la classe, du contexte, des difficultés rencontrées, des ressentis. Par exemple, s'il y a beaucoup de conflits dans la classe, on orientera le propos sur des « ingrédients » comme l'écoute, l'empathie, le respect. Si on remarque plutôt de la fatigue, on orientera davantage le propos sur des « ingrédients » qui donneront de la vitalité comme les sourires, les rires, les mouvements corporels, etc.

Pour introduire le rituel, demander aux enfants s'ils aiment cuisiner, s'ils aident parfois papa et maman à cuisiner, le nom de leurs recettes ou plats préférés, etc. Si un exemple est partagé, le choisir pour illustrer le propos qui suit.

« Pour faire un gâteau au chocolat, on a besoin de faire des courses pour avoir ce qu'il faut. Savez-vous de quoi on a besoin ? De chocolat bien sûr, de sucre, de beurre, d'œufs, etc. Ce sont des ingrédients. On a besoin d'ustensiles aussi, comme des cuillères, un bol, un moule… On a également besoin de connaitre les quantités : 2 plaquettes de chocolat, 3 verres de sucre, etc. Nous allons aujourd'hui nous transformer en chefs pâtissiers, composer et inventer notre recette du bonheur, une recette pour passer une bonne journée. De quels ingrédients avons-nous besoin pour passer ensemble une bonne journée : de calme, de câlins, de rires, de bonne humeur, d'une histoire, d'une sieste, de jouer au ballon, etc. ? »

À partir des éléments partagés et que vous pouvez suggérer à l'aide d'images (d'ingrédients et d'ustensiles), la recette collective peut ainsi voir le jour et être écrite sous forme de dictée à l'adulte.

Exemple de recette du bonheur en MS :

Notre recette du bonheur pour passer une bonne journée :

- 3 sourires
- 1 cuillère de gentillesse
- 4 verres de rires
- 3 pincées de joie
- 6 tasses d'amour

1 | Rituels d'écoute

L'écoute est au cœur de la relation avec l'autre et de l'apprentissage. C'est l'une des compétences les plus utilisées par les élèves et pourtant la moins enseignée. Or écouter, ça s'apprend. Les enfants de maternelle peuvent avoir du mal à écouter les autres ou à attendre leur tour avant de parler. Alors parlez-en avec eux et faites-leur comprendre que même si c'est difficile, ils peuvent y arriver. Vous allez les y aider grâce à l'instauration de tous ces rituels d'écoute.

Objectifs

- Prendre conscience que l'écoute active et empathique engage toutes les parties du corps.
- Développer les capacités auditives, l'attention et la concentration.
- Développer l'écoute en musique.

Vous pouvez introduire ces rituels grâce à cette chanson. Savoir écouter l'autre n'est pas toujours facile. Cette comptine donne des indices aux élèves pour les aider à écouter vraiment un camarade, leurs parents ou leur enseignant. Car on n'écoute pas qu'avec ses oreilles !

17 Chanson sur l'écoute

Sur l'air de : « Savez-vous planter les choux ? »

Savez-vous écouter l'autre
Avec vos oreilles, vos oreilles
Savez-vous écouter l'autre
Complètement et entièrement ?
Savez-vous écouter l'autre
Avec vos yeux, avec vos yeux
Savez-vous écouter l'autre
Complètement et entièrement ?
Savez-vous écouter l'autre
Avec votre corps, avec votre corps

Savez-vous écouter l'autre
Complètement et entièrement ?
Savez-vous écouter l'autre
Avec votre cœur, avec votre cœur
Savez-vous écouter l'autre
Complètement et entièrement ?
Oui, on sait écouter l'autre
Même si c'est dur, même si c'est dur
Oui, on sait écouter l'autre
Complètement et entièrement

SCHOLAVIE

A I Ding ou pas ding ?

2-5 minutes, une clochette, une cloche tibétaine ou un gong, enfants assis.

Inviter les enfants à s'assoir confortablement et à fermer les yeux. Faire tinter une cloche trois fois. Les élèves doivent rester silencieux pendant toute la durée de l'activité. Après le troisième tintement, quand ils n'entendent plus aucun son, ils doivent lever la main dans le silence puis ouvrir les yeux et s'étirer tranquillement. Pour les plus grands, on peut compliquer la consigne et leur demander de lever le bras gauche, un index, l'auriculaire de la main droite, etc.

Variante

Inviter les élèves à fermer les yeux quand ils entendent la cloche tinter, à garder le silence et à ouvrir les yeux quand la cloche tinte à nouveau. Puis les inviter, en levant le doigt, à partager ce qu'ils ont (ou pas) entendu.

B I Traversée sans bruit

2-5 minutes, une clochette, une cloche tibétaine ou un gong.

Un élève volontaire traverse la classe avec une cloche dans une main qu'il ne doit pas faire tinter. Si cette dernière tinte, il retourne au départ. Les autres élèves peuvent lever la main s'ils l'entendent tinter. Aucun son vocal ne doit être émis.

C | Chorégraphie sonore

5 minutes.

Trois élèves volontaires (ou plus pour les plus grands) émettent tour à tour un son ou un bruit avec une partie de leur corps : la langue, le pied, les mains, les dents, etc., afin de produire une chorégraphie sonore. Ils devront tous les trois la présenter en même temps devant la classe, avant que celle-ci la reprenne à son tour. C'est une variante de la chorégraphie des émotions (chapitre 1, page 69).

Variantes

• Le relai musical (GS, 5 minutes)

Présenter aux élèves une cellule rythmique simple qui va circuler dans la classe. Par exemple : deux claquements de langue contre le palais, un tapement de pied et trois battements de mains. Un élève volontaire la reproduit devant son voisin. Celui-ci reproduit la cellule rythmique devant un troisième élève et ainsi de suite.

Pour faciliter les choses, vous pouvez accompagner les élèves et les aider.

Variante (tous niveaux) : un élève reproduit une cellule rythmique et tout le monde la reproduit en même temps, y compris l'enseignant.

• Le téléphone (MS-GS, 5 minutes)

Les élèves sont en cercle. Chuchoter une courte phrase à un élève au creux de son oreille qui doit l'écouter et la reproduire sans la modifier à l'élève placé à côté de lui et ainsi de suite. Le dernier élève dit à voix haute cette phrase. Est-ce la même qu'au départ ?

Exemple : « Je suis heureux d'être votre maitre. »

Vous pouvez regrouper les élèves par équipes de 4 ou 5 pour que l'exercice ne soit pas trop long.

• En cadence (5 minutes)

Les élèves évoluent dans l'espace en fonction du son entendu. Un code est proposé par l'enseignant et/ou par les élèves.

Exemples (à adapter en fonction du niveau) **:**

- Quand l'enseignant tape une fois dans les mains, on saute une fois.
- Quand l'enseignant tape deux fois dans les mains, on marche en arrière.
- Quand l'enseignant fait sonner une cloche, on s'arrête.

D | Le gardien du trésor

MS-GS, 5 minutes, un trésor, un tissu pour bander les yeux d'un élève.

Un enfant s'assoit sur une chaise au centre du cercle formé par les autres enfants assis. Il a les yeux bandés et garde sur ses genoux un trésor. Vous désignez d'un geste discret un enfant qui doit essayer d'approcher du trésor pour s'en emparer, sans faire de bruit. Si le gardien entend un bruit, il pointe le doigt dans la direction de l'élève en criant : « Voleur ! » Celui-ci doit alors retourner à sa place. Un autre élève « Voleur » est alors désigné.

E | Entends-tu ?

Objectifs	Distinguer et reconnaitre les sonorités des différents instruments, réagir à un signal sonore, reproduire une même sonorité en respectant les paramètres (intensité, durée, etc.).
Niveaux	MS-GS.
Durée	15 minutes.
Matériel	Des instruments de musique différents (deux exemplaires de chaque).

En amont de cette activité, présenter et faire manipuler les instruments proposés aux enfants.

Deux équipes A et B de 4 à 8 élèves sont formées.

Les deux équipes se tiennent dos à dos. Chaque joueur d'une équipe a un instrument différent : triangle, maracas, tambourin, flute... Les mêmes instruments sont donnés aux enfants de l'autre équipe. L'enfant de l'équipe A désigné du doigt par l'enseignant joue de son instrument. Le joueur de l'équipe B qui a le même instrument répond en écho en jouant du sien. Est-ce bien le même instrument ?

Après plusieurs fois, on intervertit : les joueurs de l'équipe B jouent d'un instrument, ceux de l'équipe A reproduisent en écho le son de l'instrument choisi.

Pour que le jeu devienne plus complexe et intéressant, il est ensuite possible de faire jouer deux instruments à la fois.

Prolongements

- **La fine oreille (MS-GS, 10 minutes, enregistrements musicaux)**

Préparer un enregistrement avec des séquences musicales de 30 secondes à 1 minute, afin d'amener les élèves à identifier des instruments : piano, violon, tambour, cymbales, flutes, etc. Une fois les sons identifiés et connus par les élèves grâce à un travail en amont, leur faire écouter un morceau de musique. À chaque fois que l'un des sons est émis (par exemple, le piano), les élèves sont invités à faire un pas, un geste libre, une grimace, etc.

- **Qui est qui ? (5 minutes)**

Après vous avoir vu faire une première fois, un enfant se cache derrière un rideau ou un carton. Il a devant lui divers instruments. Il en choisit un et lui fait émettre un son. Les autres doivent deviner de quel instrument il s'agit.

F | Écouter des sons de manière attentive

Objectif	S'exercer à la pleine attention ou à la pleine présence pour développer une écoute active.
Niveau	GS.
Durée	5-10 minutes.

Inviter les élèves à se mettre en cercle dans une position qu'ils estiment confortable. Si c'est possible, on peut leur proposer de s'allonger.

Présentation du rituel

« Nous allons faire un exercice de respiration et d'écoute. Notre mission est d'être très attentifs à tous les sons qui nous entourent. Parmi tous ces sons, il y a des sons agréables comme le bruit du vent ou des oiseaux. Il y a aussi des sons moins agréables comme des bruits de travaux, des cris, qui peuvent parfois nous

gêner pour bien travailler et nous concentrer. Pourriez-vous me dire les sons que vous entendez souvent dans la classe, ceux que vous aimez, ceux que vous aimez moins : des voix plus ou moins fortes, des portes qui claquent, le bruit des pas, le bruit des chaises, la sonnerie, le bruit de la pluie qui tombe, des pleurs parfois, certaines musiques, etc. ? »

Rappelons que l'objectif de ce rituel, comme de toute activité de pleine attention, n'est pas d'être dans le jugement. Il s'agit d'accueillir avec bienveillance et curiosité ce qui vient. L'objet de cet échange peut avoir lieu à un autre moment. Une fois que vous estimez que les enfants sont prêts à écouter de manière consciente les bruits et les sons environnants, leur demander de fermer les yeux. Puis, lentement, leur donner les instructions qui suivent.

Déroulement

« Mettez votre main sur votre ventre. Est-ce que vous sentez votre ventre qui se gonfle et se dégonfle, comme un ballon ? Écoutez maintenant le bruit que peut faire votre respiration ou peut-être celle de vos camarades. On respire plus ou moins fort, mais tout le monde respire, on ne s'en rend pas toujours compte. Écoutez le bruit de votre ventre qui peut faire des gargouillis.

Maintenant, toujours avec les yeux fermés, écoutez avec attention tous les sons que vous entendez à l'intérieur de la salle de classe. [...] Continuez de bien écouter, dans le silence. Peut-être qu'il n'y en a pas beaucoup dans la classe puisque vous êtes très silencieux et attentifs.

Maintenant, reposez votre main sur votre ventre. Sentez comment il se gonfle et se dégonfle. Écoutez encore le son de votre respiration ou celle de vos camarades. [...] Écoutez maintenant tous les sons que vous entendez à l'extérieur de la salle de classe : les bruits proches comme les bruits plus lointains. Remarquez les silences s'il y en a. [...] Prenez maintenant quelques grandes respirations [...], puis, quand vous êtes prêts, ouvrez les yeux. Étirez-vous si vous en ressentez le besoin. »

Remarque : [...] indique un moment où il est utile de marquer une pause d'au moins 3 respirations.

Organiser un retour sur l'activité. Et en chuchotant, inviter les élèves qui le souhaitent à partager leur expérience : Était-ce facile, difficile ? Qu'ont-ils entendu, à l'intérieur de la classe, en dehors ? Comment se sentent-ils ? Est-ce qu'ils se sont sentis bien quand ils ont écouté les oiseaux ?

Séance d'écoute en pleine conscience en classe de MS-GS.

Vous pouvez faire le lien avec l'ouïe, ce sens qui permet d'être à l'écoute et d'entendre tous ces sons. Expliquer aux enfants que c'est principalement grâce à nos oreilles que nous pouvons entendre et écouter les autres nous parler, les consignes, les secrets, etc. L'ouïe est un sens et un organe qu'on utilise beaucoup dans la vie au quotidien, sans toujours s'en rendre compte. Bien écouter, cela se travaille. Ce n'est en effet pas toujours facile, parce que parfois on n'est pas concentré, on est fatigué, on n'a pas envie, parce qu'il y a trop de bruits, etc. Mais bonne nouvelle, l'écoute, c'est comme un muscle, on peut la travailler pour la rendre plus forte. On peut entrainer son oreille et tout son corps à écouter, comme dans la chanson qui introduit cette partie.

2 | Rituels d'empathie

Pour bien écouter les autres, il faut les comprendre et pouvoir aussi se mettre à leur place. C'est ce qu'on appelle l'empathie. Sur le plan émotionnel, les petits sont naturellement empathiques, alors il convient ici, par ces rituels, de continuer à développer cette capacité. Et puis, encore une fois, posséder une habileté ne signifie pas être compétent. On doit l'exercer.

Objectifs
- Développer l'empathie.
- Développer l'écoute empathique.

A | Les lunettes de l'empathie

MS-GS, 5 minutes, du carton, des ciseaux, des papiers calques de couleur, du ruban adhésif.

Vous pouvez créer la surprise et susciter la curiosité des enfants en portant une drôle de paire de lunettes fabriquée en amont. Des lunettes avec des feuilles en plastique de différentes couleurs à la place des verres, jaune et bleue pour commencer par exemple. Observer les élèves réagir et les inviter à partager leurs remarques et ressentis : *« La paire de lunettes est bizarre, tu dois voir les choses tout en jaune et tout en bleu, pas comme nous, pas comme avec les vraies couleurs. »*

Montrer ensuite une autre paire de lunettes avec un verre de couleur rouge, un autre de couleur verte. Inviter un enfant à les porter et à décrire ce qu'il voit, comment il voit, comment il se sent. Laisser librement les enfants réagir et les inviter à la réflexion.

« Chacun d'entre nous voit le monde qui nous entoure de manière différente selon son humeur, les émotions qu'il ressent ce jour-là, ce qu'il se passe à la maison, à l'école, etc. Il n'y a pas une bonne et une mauvaise manière de faire ou de voir quelque chose : il y a plein de façons différentes que l'on doit respecter.

Comprendre que chacun peut voir et ressentir les choses différemment selon la paire de lunettes qu'il porte, c'est avoir la force de l'empathie. C'est savoir écouter l'autre, c'est le respecter, même s'il ne voit pas et ne ressent pas la même chose que nous. C'est imaginer ce qu'il peut ressentir dans certaines situations en essayant de se mettre à sa place, en mettant sa paire de lunettes. La force de l'empathie, c'est la capacité de comprendre ce que ressentent nos camarades et de prendre soin d'eux et de leurs émotions.

Ce n'est pas toujours facile, pour les petits comme pour les grands. Mais là encore, nous pouvons chacun développer cette force et apprendre à être empathique. Comment ? C'est ce qu'ensemble nous allons apprendre. En étant attentifs aux autres, à ce qu'ils peuvent ressentir, penser, à leurs émotions, leur joie, leur colère, leur réussite, etc. Nous allons apprendre à changer de regard, à changer de paire de lunettes. »

Il est important de donner des exemples aux enfants pour qu'ils comprennent bien.

Exemples : « Voilà ce que tu ressens et penses (paire de lunettes bleue et jaune). Essaie maintenant une autre paire de lunettes (rouge et verte) pour te mettre à la place de ton camarade. Vois-tu et ressens-tu la même chose ? »

« Clara a perdu son jouet ou quelqu'un a pris le jouet de Clara alors qu'elle jouait encore avec, que peut-elle ressentir ? »

« Que peut ressentir Maxime quand il tombe ? Et toi, que ressens-tu lorsque tu vois quelqu'un tomber ? »

Les lunettes doivent rester à disposition et être prêtes à servir au quotidien pour s'amuser à voir les choses différemment et/ou à vivre des situations du quotidien avec un autre point de vue.

Vous pouvez organiser en amont ou en aval un atelier de confection de lunettes avec des verres de couleurs différentes.

Prolongement

• À la place de..., je... (GS, 5 minutes)

Chaque semaine par exemple, recenser des petits scénarios du quotidien que vous avez pu observer et qui sont autant de situations qu'on peut réinvestir pour développer l'empathie des élèves. Les propos sont anonymes et peuvent être légèrement modifiés et adaptés si besoin pour ne viser aucun enfant et libérer les échanges.

Exemples de situations :

- Un enfant a passé beaucoup de temps à construire une grande tour de Kapla. Un autre arrive et lui casse sa tour.
- Un enfant est resté seul pendant la récréation. Il n'a joué avec personne.
- Le maitre ou la maitresse observe ses élèves en train de jouer calmement ensemble.
- Un enfant a retrouvé son doudou grâce à l'aide d'un camarade.
- Le maitre ou la maitresse observe la classe toute dérangée.

Pour chaque situation, demander aux élèves d'imaginer les émotions, pensées et ressentis des uns et des autres. Quelles auraient été les leurs s'ils avaient été à la place de ce camarade, du maitre ou de la maitresse ?

Les lunettes de l'empathie peuvent bien sûr être utilisées.

B | Points communs

MS-GS, 5-10 minutes, enfants rangés en deux cercles concentriques.

Les élèves forment deux cercles concentriques qui se font face. Les binômes qui se font face ont 30 secondes pour trouver quelque chose qu'ils ont en commun : un vêtement, une couleur, ce qu'ils aiment faire comme activité, leur aliment préféré...

Leur donner des exemples pour qu'ils comprennent : « On est toutes les deux une fille, on porte tous les deux du vert, on aime tous les deux le chocolat ou faire du vélo. »

Après 30 secondes, le cercle extérieur fait un pas à droite, pour que chacun ait un nouveau binôme. Les nouveaux binômes ainsi formés font la même chose. On peut répéter 3 ou 4 fois.

On peut aussi, une prochaine fois, rechercher les différences.

C | Jeux de mimes et de miroir

5 minutes.

Ce rituel demande une certaine maturité émotionnelle de la part des enfants qui doivent avoir exploré en amont les émotions (micro-expressions, langage para-verbal, etc.)

Les enfants sont répartis par binômes. Dans chaque binôme, l'un mime une émotion en silence, au moins pendant 30 secondes, son partenaire se comporte comme un miroir et doit imiter exactement ce qu'il fait.

Variantes pour les GS

- Les enfants sont deux par deux. L'un mime une émotion, l'autre doit la deviner et la nommer. Intervertir ensuite.
- Deux élèves volontaires viennent mimer une émotion différente et tenir la posture émotionnelle (par exemple, l'un a les bras levés pour la joie, l'autre a le dos courbé et le regard baissé pour la tristesse). Demander aux enfants de nommer l'émotion qu'ils peuvent observer (en les invitant à justifier leurs réponses) et d'essayer d'imaginer les déclencheurs de ces émotions.

  Exemples : Si c'est l'émotion de la joie qui est mimée, les élèves peuvent imaginer des situations sources de joie : il a réussi une activité, son papa ou sa maman vient le chercher à l'école, il a reçu un cadeau, etc.

  Il est triste parce que son ami n'a pas voulu jouer avec lui, il est triste car il est tombé.

« Lequel avez-vous envie d'aller réconforter ? Pourquoi ? »

Inviter un volontaire à aller mimer ce réconfort (un câlin, un geste, un mot...).

« Et à votre avis, de quoi a besoin celui qui est joyeux ? Qu'on l'écoute ? Qu'on partage sa joie ? Qu'on soit joyeux avec lui... ? »

- **Détective des émotions (10 minutes)**

Régulièrement, en racontant une histoire, demander aux enfants de repérer les différentes émotions vécues par les personnages, d'imaginer ce qu'ils pourraient faire afin de les réconforter, d'imaginer leurs propres émotions s'ils étaient à la place de ces personnages, etc.

D | Remplir son seau

GS, 15 minutes, un seau, une grande tasse, un verre ou un bocal.

Mettre à disposition un seau, une grande tasse, un bocal ou un grand verre sur une étagère, un bureau ou dans le coin des émotions. En faisant l'analogie avec l'eau qui permet de vivre, expliquer que chacun peut avoir besoin de ressources différentes pour vivre bien, être heureux, avoir de l'énergie, pouvoir bien travailler : il y en a pour qui ce sont des câlins, d'autres qui ont besoin d'être avec leurs amis, d'avoir leur doudou, de dire ou entendre un merci, de voir un sourire, de faire une partie de foot ou un exercice de respiration, de réussir, etc. Il s'agit de quelque chose qui fait du bien, qui augmente ses ressources émotionnelles, qui réconforte quand on se sent triste ou aide à contrôler sa colère. Comme l'eau est vitale et indispensable à notre survie, ces ressources le sont aussi pour vivre au mieux, avec soi et avec les autres.

Chaque enfant peut exprimer ses ressources, les dessiner ou les choisir si besoin parmi un éventail d'étiquettes, de dessins ou de photos. Les enfants qui le souhaitent sont invités à les partager ou à vous les donner avant de les mettre dans le seau ou le bocal. Régulièrement, les enfants volontaires viennent piocher un papier et le présentent à la classe pour échanger à son propos. « Y en a-t-il qui ont besoin de cette ressource *(la nommer)* ? » Les élèves peuvent lever la main ou se lever pour montrer leur adhésion à ce qui vient d'être partagé.

Variantes

• Le rituel peut être proposé de manière individuelle. Chaque enfant a son gobelet des ressources. Et lorsque le besoin s'en fait ressentir, il pioche une étiquette qui lui permet de répondre à un besoin et la partage avec l'enseignant ou un camarade : un câlin, une sieste, jouer avec un ami, parler, câliner son doudou, etc.

• À l'inverse, vous pouvez mettre à disposition une corbeille ou une poubelle. Il s'agit de faire la même chose afin d'identifier ce qui prend de l'énergie et apporte au contraire du stress, un inconfort, un mal-être, des émotions désagréables. Seulement, au lieu de poser l'étiquette délicatement dans le contenant, l'enfant est invité à la froisser voire à la déchirer avant de la jeter dedans.

E | Question du jour

MS-GS (en fonction des amorces de phrases choisies), 5-10 minutes, enfants en cercle.

Choisir une amorce de phrase. Inviter les élèves qui le souhaitent à terminer oralement la phrase. Cela permet d'apprendre à se connaitre, soi et les autres, et contribue au développement de l'empathie.

- Si j'étais un animal, je serais...
- Si j'étais une couleur, je serais...
- Si j'étais un livre, je serais...
- Ce que j'aime, c'est...
- Ce que je n'aime pas, c'est...
- Ce que je préfère apprendre, c'est...
- Un de mes superpouvoirs, c'est...
- Je suis heureux quand...
- Je suis fier/fière quand...
- Je suis calme quand...
- J'ai peur quand...
- Je suis en colère quand...
- Je suis triste quand...
- Je suis gentil quand...

Prolongement

Vous pouvez recueillir les réponses dans un journal ou sur un panneau et y faire référence le plus possible durant la journée pour permettre à l'élève d'être reconnu dans ce qu'il est et ce qu'il vit, et pour illustrer ses propos de manière concrète. Vous pouvez également recueillir leurs réponses sous forme de dictée à l'adulte.

3 | Rituels pour rire

Objectifs

- Réguler ses émotions.
- Développer une émotion agréable.
- Découvrir et expérimenter l'effet contagieux du rire, et plus globalement de toutes les émotions agréables.

L'humour est une émotion agréable et une force de caractère. Il a notamment des effets sur la qualité des interactions et le bienêtre. En effet, l'humour améliore les relations sociales par la réduction des conflits et des rapports tendus, en favorisant le développement des sentiments positifs envers les autres[1].

Rire est bon pour la santé. Ses bienfaits sont nombreux. Par exemple, le rire est associé à la bonne humeur et réduit les effets des tensions et des tracas de la vie quotidienne. Il augmente la tolérance à la douleur et a même un léger impact positif sur le système immunitaire.

Un bon rire produit aussi une augmentation du rythme cardiaque équivalent à 15 minutes d'exercice sur un vélo[2]. Et, élément non négligeable, ces bienfaits sont les mêmes, que le rire soit forcé ou non.

Puisque rire booste notre énergie, notre système immunitaire, améliore nos relations, change notre humeur et notre état d'esprit, ne boudons pas ce plaisir et rions à gorge déployée avec les élèves.

1. Martin R. A., « Humor, laughter, and physical health: methodological issues and research findings », *Psychological Bulletin*, 127(4), 2001, p. 504.
2. Wiseman R, « Laughlab: The scientific search for the world's funniest joke », *Retrieved June*, 22, 2011.

A I Pause sourire

3 minutes.

Inviter les enfants à tenir un sourire large et forcé pendant 1 minute. Leur corps va se détendre progressivement, le vrai rire arrivera peut-être et même si ce n'est pas l'objectif de cet exercice, on peut le laisser aller.

Variante

On peut donner aux élèves un miroir et les inviter à sourire devant pendant 1 minute.

B I Concours de grimaces

5 minutes, une cloche.

Les élèves évoluent dans l'espace et quand la cloche tinte (ou tout autre signal), ils font la grimace. On leur laisse le temps de s'observer et de savourer. Quand la cloche tinte à nouveau, ils se mettent en marche et ainsi de suite.

Variantes

- **Chorégraphie du rire**

Il s'agit d'assortir un geste à une manifestation du rire (hihihi, hohoho, hahaha...). Inviter les élèves à se mettre debout en cercle. Ensemble, ils reproduisent une série de gestes formant ainsi une chorégraphie. Vous pouvez la leur proposer ou les associer pour en inventer une.

Exemple : On tape 5 fois dans les mains en faisant ho-ho-ho-ho-ho, on saute 2 fois et on fait hi-hi puis on se laisse aller à rire comme on veut, si on veut...

- **Pause clown**

Les enfants sont invités à mettre un nez rouge et à jouer au clown devant leurs camarades, sur une musique de cirque par exemple.

Soit tous les élèves jouent au clown, soit la moitié d'entre eux se prête à l'exercice tandis que l'autre moitié observe puis partage ses ressentis. On inverse ensuite les groupes.

C I Yoga du rire

5 minutes, un ballon de baudruche.

Cet exercice provient du yoga du rire. Il peut paraitre étrange au départ mais il suffit d'oser tenter l'expérience pour observer un effet de contamination, positive bien sûr.

C'est en Inde que le Dr Madan Kataria a inventé le yoga du rire en 1995. Le yoga du rire s'appuie sur une combinaison mêlant des rires avec la respiration du yoga. Chacun est invité à rire sans raison. Cela apporte plus d oxygène au corps et au cerveau et permet de se sentir plus énergique et en bonne santé.

« Quand je lancerai ce ballon en l'air, nous nous mettrons tous à rire. Attention, dès que le ballon touche le sol, tout le monde doit se taire ! »

Il est fort probable que les enfants n'arriveront pas à s'arrêter de rire, et c'est tant mieux, c'est le but. Le rire forcé s'est transformé en vrai rire, incontrôlable. Et ça fait du bien !

Variante

Se mettre à rire ainsi, en classe, sans raison, par surprise, pendant quelques secondes (qui vous paraitront peut-être une éternité !). Les élèves seront effectivement surpris, et aux gros yeux ronds du début va probablement suivre une cascade de rires qu'il faut laisser aller. Une belle manière de vivre la contagion émotionnelle.

Prolongement

Faire un reportage photo avec les sourires de ses élèves ou une vidéo du rire et la partager pour contaminer positivement l'entourage !

D | 1, 2, 3 Woop

MS-GS, 10 minutes, en binôme.

Ce rituel de coordination, de concentration, de connexion qui libère de nombreuses émotions agréables peut être déployé à tout moment, sauf si c'est le retour au calme qui est visé, car l'effet est en général plutôt inverse ! Il libère de nombreuses émotions positives et on ressort tous, adultes comme enfants, avec du rose aux joues et une énergie décuplée. Vous pouvez choisir de le faire régulièrement, avant la récréation ou en fin de journée par exemple.

L'exercice original s'appelle 1, 2, 3 Woop mais il peut s'appeler autrement (1, 2, 3 Youpi, par exemple). On peut adapter le rituel et les gestes à sa convenance ou en fonction de l'âge des élèves.

Organiser la classe en binômes, joueur 1, joueur 2.

Étape 1

Les joueurs comptent jusqu'à 3 chacun leur tour plusieurs fois.

Joueur 1 : 1

Joueur 2 : 2

Joueur 1 : 3

Joueur 2 : 1...

Étape 2

Les joueurs comptent jusqu'à 3 chacun leur tour en remplaçant 3 par Woop plusieurs fois.

Joueur 1 : 1

Joueur 2 : 2

Joueur 1 : Woop

Joueur 2 : 1...

Étape 3

Les joueurs comptent jusqu'à 3 chacun leur tour en remplaçant 3 par Woop et 2 par un claquement de mains, plusieurs fois.

Joueur 1 : 1

Joueur 2 : Clap

Joueur 1 : Woop

Joueur 2 : 1...

Étape 4

Les joueurs comptent jusqu'à 3 chacun leur tour en remplaçant 1 par un saut, 2 par un claquement de mains, et 3 par Woop, plusieurs fois.

Joueur 1 : Saut

Joueur 2 : Clap

Joueur 1 : Woop

Joueur 2 : Saut...

Variantes plus simples

Jouer en cercle et chacun joue à tour dans de rôle, dans le sens des aiguilles d'une montre.

Avec les plus jeunes, on peut simplifier la consigne et s'arrêter avant de changer le 1, ou amener les choses progressivement.

4 | Rituels de gratitude

Objectifs
- Réguler ses émotions.
- Développer sa force de la gratitude.
- Découvrir l'effet contagieux de cette émotion agréable.

La gratitude est une émotion agréable et une force de caractère. Elle peut être dirigée vers l'autre, vers quelque chose ou vers soi.

C'est l'émotion du lien social par excellence. Elle favorise des relations harmonieuses, procure du bienêtre, améliore le climat de classe, la confiance en soi et la prise de décision. Ses bienfaits sont si nombreux et les rituels pour la développer si simples à mettre en place dans une classe qu'on aurait tort de s'en priver.

18 Chanson de la gratitude

Sur l'air de : « Frère Jacques »

Merci à toi, merci à moi,
Pour ceci, pour cela
Mon cœur est en joie
Je suis avec toi
Merci la vie, qui nous sourit

SCHOLAVIE

A | La boite de la gratitude

MS-GS, 10-15 minutes pour la mise en route du rituel, puis 5 minutes, une boite à chaussures décorée, des gommettes, des papiers et des smileys pour remplir cette jolie boite.

Présenter une boite personnalisée avec dessins, pictos, photos, carte des forces de la gratitude ou illustrations évoquant la gratitude. Demander aux enfants s'ils devinent ce que montrent les dessins. Attirer leur attention sur le mot écrit qu'ils ont peut-être déjà rencontré (merci), sur un picto connu (mains jointes), sur un smiley qui sourit, sur la forme du cœur, sur la carte de la force de la gratitude (voir l'outil « Autour des forces ») qui est collée sur la boite. Pour les aider et les mettre sur la piste, ouvrir la boite et saisir le papier préalablement glissé à l'intérieur. Puis, posément et en chuchotant, pour capter pleinement leur attention, leur lire le message secret : « Je remercie les élèves d'avoir bien rangé la classe après les ateliers de ce matin. »

Attendre d'éventuelles réactions et questionner les enfants pour percer le mystère de cette boite, si ce n'est déjà fait.

« Qui a écrit ce message ? Comment je me sens à votre avis ? Comment s'appelle cette force qui consiste à aimer dire merci et à apprécier les choses qui nous entourent, à y faire attention (la gratitude) **? Et vous, que ressentez-vous en recevant ce message, cette gratitude : de la joie, de la fierté, du bonheur ? La gratitude est aussi une émotion agréable qui nous fait du bien. La gratitude est un beau cadeau : elle fait du bien à celui qui l'exprime (moi) et à celui ou ceux qui la reçoivent (vous).**

Je vous propose de faire comme moi et d'exprimer toutes vos gratitudes, c'est-à-dire toutes ces choses que vous aimez et pour lesquelles vous avez envie de dire merci. Un merci du cœur qui fait du bien à dire et à recevoir, un merci qui vous permettra de développer votre force de la gratitude. Un merci pour quelqu'un que vous avez envie de remercier, pour soi (vous pouvez vous dire merci, c'est en effet important) ou pour quelque chose (merci au soleil, à la mer, etc.).

Comment ? En glissant par exemple dans la boite un cœur à chaque fois que vous avez envie de dire merci, un dessin, un mot que je peux vous aider à écrire, des smileys, etc. Vous pouvez mettre votre nom ou pas, c'est vous qui décidez. »

Régulièrement, inviter des élèves à ouvrir la boite, à observer le nombre de cœurs et de smileys, à réagir, à venir piocher un papier, à le montrer pour le partager avec l'ensemble de la classe. Si son auteur n'est pas anonyme, on peut lui demander de s'exprimer. Si le message de gratitude est adressé à un camarade, on peut lui demander ce qu'il ressent en le recevant, si ce message lui fait plaisir.

Exemples :

- « Merci pour la partie de ballon jouée ensemble. »
- « Merci à la maitresse de m'avoir consolé. »
- « Merci à Sophie *(l'Atsem)* de toujours m'écouter. »
- « Merci à David pour ses efforts d'attention *(de la part de la maitresse)*. »
- « Merci à la nature d'être si belle. »
- « Merci à moi pour mes efforts. »

Variantes et prolongements

• Le mur de la gratitude

À la place d'une boite ou en prolongement de cette activité, on peut installer un mur de la gratitude dans la classe ou le couloir. Il s'agit d'un pan de mur sur lequel tous les enfants, l'enseignant, les parents, l'Atsem sont invités à venir coller un

Post-it avec une phrase en dictée à l'adulte, une photo, un soleil, une fleur ou un dessin exprimant leurs gratitudes.

Exemples : « Merci de m'avoir aidé à faire mes lacets, merci à mon papa de m'avoir consolé, merci à la maitresse de nous faire rire, merci à Julie de m'avoir aidé, etc. »

Comme un rendez-vous régulier, inviter les élèves à l'observer et organiser un temps de partage.

Ce mur de la gratitude peut être organisé à l'échelle d'une école entière, dans le hall de l'établissement par exemple. Un rituel fédérateur qui génère beaucoup d'émotions agréables.

- **Le journal de gratitude (MS-GS, 5-15 minutes)**

Régulièrement, collecter les gratitudes du jour partagées et les consigner dans un journal de classe, qui peut être le cahier de vie ou un cahier dédié qu'on appellera « journal de gratitude ». On peut y coller des photos, écrire des commentaires et laisser ce journal à disposition lors du temps d'accueil pour les parents.

Vous pouvez proposer aux élèves d'écrire avec leur famille leur propre journal de gratitude et inviter ceux qui le souhaitent à en faire un retour en classe.

Voici un exemple de consigne que l'on peut partager avec les parents :

« Chaque soir pendant une semaine, repensez avec votre enfant à votre journée, pendant le diner ou juste avant de dormir. Trouvez deux à trois choses agréables ou moments qui se sont bien passés, à l'école, à la maison ou ailleurs. »

L'objectif est d'inviter les parents à aider leur enfant à réfléchir au rôle qu'il a pu jouer et aux émotions engendrées. Là encore, ce journal peut être illustré, complété avec des photos et peut même devenir un journal de gratitude familial.

Cette activité est probablement la plus puissante de toutes les techniques de psychologie positive. Il existe différentes variantes de cet exercice. Elles ont fait l'objet de recherches par différents scientifiques, avec toujours des résultats notables. Il a été démontré, par exemple, que cette activité augmente de façon durable le bonheur[3].

3. Emmons R. A., McCullough M. E., & Tsang J. A., « The assessment of gratitude », in Lopez S. J. et Snyders C. R., *Positive Psychological Assessment : A Handbook of Models and Measures*, American Psychological Association, 2003, p. 327-341.

B | Le cadeau de la gratitude

Durée variable, une boite, un bocal ou un pot en verre décoré (pot de confiture), une enveloppe.

C'est l'anniversaire d'un enfant ? Organiser une belle surprise en associant les autres élèves et les adultes référents (Atsem, parents si possible, etc.). Ensemble, il s'agit de faire un cadeau collaboratif et original : offrir au roi ou à la reine du jour le nombre de reconnaissances et de gratitudes égal à celui du nombre de ses années. L'heureux élu a 3, 4, 5 ou 6 ans ? Exprimez-lui individuellement ou collectivement, à l'oral ou à l'écrit, avec des dessins, des petits mots ou en chanson, les x choses que vous aimez chez lui ou pour lesquelles vous lui êtes reconnaissant : « Je te remercie pour ton énergie, ton humour, la manière dont tu aides les autres, je te remercie d'être mon ami, etc. »

Un rituel à reproduire entre collègues. Effets positifs garantis !

Variante

Offrir au roi ou à la reine du jour une pochette remplie des dessins effectués par les enfants de la classe. Un rituel de gratitude et de gentillesse !

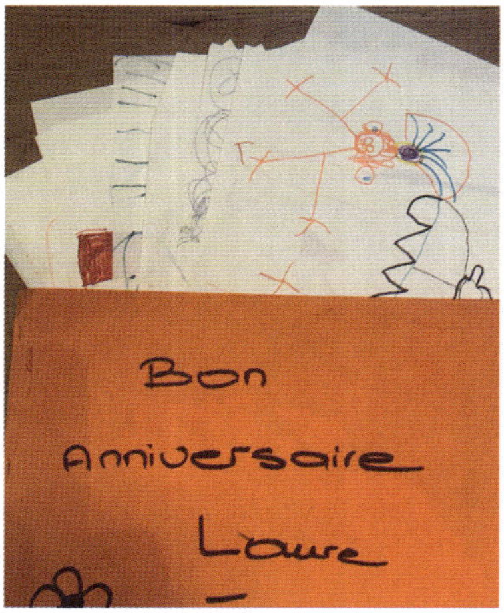

Laure a eu 4 ans et a reçu le jour J sa pochette-surprise remplie de dessins de ses camarades (PS).

C | La carte de la gratitude

GS, 10-15 minutes, du papier à lettres, une enveloppe.

Il s'agit de rédiger collectivement, sous forme de dictée à l'adulte, une carte exprimant à quelqu'un la reconnaissance des enfants : l'Astem, un parent qui serait intervenu dans la classe, etc. Les élèves peuvent décider de l'envoyer ou d'aller la remettre en mains propres à son destinataire, activité alors appelée « la visite de la gratitude ».

« Pensez à quelqu'un (Sophie, l'Atsem ; Laurence, l'AVS...) qui a été particulièrement gentil et bienveillant envers nous tous, qui nous a aidés d'une façon ou d'une autre, à qui nous avons envie de dire merci. Pensez à... (dire le nom de la personne, comment elle est, son visage, son corps, ses cheveux, ses vêtements, sa voix). **Imaginez que vous puissiez la (ou le) dessiner. Pensez à tous les souvenirs qui arrivent quand vous pensez à...**

Nous allons maintenant lui écrire une carte pour lui dire merci, pour lui faire part de nos émotions, de ce qu'on ressent en pensant à elle : de la gratitude, de la joie, du calme, de la fierté, etc. Nous allons essayer de trouver des exemples pour qu'elle (ou il) comprenne pourquoi on a envie de lui dire merci (partages). **Nous allons maintenant écrire ces exemples sur la carte et envoyer des dessins pour illustrer ces exemples. »**

Exemples : Cette personne peut être un parent venu animer un atelier, raconter des histoires, aider les élèves à cuisiner des crêpes.

Une fois que les élèves ont fini collectivement d'écrire cette carte, sous forme de dictée à l'adulte, échanger avec eux :

« Pourquoi avez-vous choisi Sophie ? Était-ce facile de la remercier ? Que souhaitez-vous faire de cette carte ? On la lui envoie ? On la lui remet en mains propres ? On la garde ? Comment pensez-vous qu'elle va réagir ? Va-t-elle être heureuse ? »

Dans sa forme originale, la visite de gratitude est une activité validée scientifiquement. Cette pratique a des effets bénéfiques jusqu'à un mois plus tard[4]. Elle augmente le bienêtre et les émotions positives de manière substantielle, bien que les changements s'effacent progressivement dans le temps[5].

4. Shankland R., *Les Pouvoirs de la gratitude*, Odile Jacob, 2016.
5. Seligman M. E., Steen T. A., Park N., et Peterson C., « Positive psychology progress: empirical validation of interventions », *American Psychologist*, 60(5), 2005, p. 410.

Exemple d'une carte de la gratitude offerte à l'Atsem. dans une classe de PS-MS-GS.

À la fin de cette activité, expliquer aux enfants qu'ils ont développé leur force de la gratitude (en leur montrant la carte de l'outil « Autour des forces »). Cette force qui permet d'être heureux avec ce que l'on a, d'être bien et joyeux, dans le moment présent. Cette force qui permet également d'être moins sensible aux évènements un peu plus tristes ou désagréables de son quotidien.

D | Clap sourire

GS, 5 minutes, enfants debout.

Les élèves marchent dans la pièce. Quand l'enseignant tape dans ses mains, chaque élève essaie de faire un compliment au camarade le plus proche de lui. Cela peut être un compliment, mais aussi une gratitude, une qualité que l'on reconnait chez l'autre, un encouragement, etc.

Exemples :

- « J'aime comment tu es coiffée aujourd'hui. »
- « Merci d'avoir joué au foot avec moi hier. »
- « J'aime ton sourire. »

5 | Rituels de gentillesse

La gentillesse est un ingrédient clé des relations positives, une compétence sociale que des enfants de maternelle appréhendent facilement. Elle est une force de caractère, un élan du cœur qui se traduit par une attention bienveillante à l'autre, une réelle empathie à l'égard du vécu émotionnel de l'autre et se poursuit par la mise en œuvre d'actes altruistes. Elle est aussi essentielle envers soi.

La journée internationale de la gentillesse a lieu au mois de novembre. Une belle opportunité pour mettre en place ces rituels et y associer pour plus d'efficacité et d'impact d'autres classes, voire l'école entière.

Objectifs

- Développer des liens et comportements pro-sociaux.
- Comprendre la force de la gentillesse.
- Identifier, réaliser et partager des actes de gentillesse.
- Développer la force de la gentillesse.
- Ressentir les émotions vécues à leur occasion.

Pour introduire ces rituels autour de la gentillesse, proposer une chanson sur la gentillesse, une histoire qui parle de gentillesse ou montrer la carte de la force de la gentillesse de l'outil « Autour des forces ».

A | La gentillesse en chanson

Cette chanson sur la gentillesse permet de mettre en lumière plusieurs éléments comme les émotions agréables qu'elle suscite (à la fois chez celui qui l'exprime et celui qui la reçoit), son effet contagieux et donc son impact sur le climat de classe, plus favorable aux relations positives et aux apprentissages.

19 Chanson de la gentillesse
Sur l'air de : « Colchique dans les prés »

La gentillesse des uns
La gentillesse des autres
Qu'est-ce que ça fait du bien
À toi et puis à moi

La gentillesse en classe
Fait qu'on s'y sent bien
La gentillesse en classe
Fait qu'on s'y aime bien

SCHOLAVIE

B | Une histoire de gentillesse

Exemple : La fable amérindienne des deux loups.

Préciser qu'il s'agit d'une fable puis la raconter en utilisant éventuellement des marionnettes ou des peluches pour aider à sa compréhension.

« Un soir, un vieil Indien raconte à son petit-fils une histoire. L'histoire d'une bataille ou d'une guerre intérieure qui existe en chacun de nous. Il lui dit : "Mon petit, en chacun de nous se déroule une bataille entre deux loups. L'un des loups représente tout ce qui nous fait du mal : la colère, la jalousie, la tristesse, la honte, le mensonge... Il se met très vite en rage, il hurle, il mord, il se bat contre n'importe qui, contre n'importe quoi, tout le temps et sans raison. Il n'est pas capable de penser à autre chose que sa colère. Elle prend toute sa place dans

sa tête, dans son cœur et dans son corps. L'autre loup est bon. Il représente tout ce qui nous rend heureux et nous fait du bien. C'est la joie, la paix, l'amour, la gentillesse, la vérité. Il ne fait de mal à personne et il s'entend bien avec tout le monde. Il sait s'affirmer et dire non si c'est nécessaire. Sache mon garçon qu'il m'est encore parfois difficile de vivre avec ces deux loups à l'intérieur de moi, parce que tous les deux veulent gagner, avoir le dernier mot, vaincre l'autre." Le petit-fils a bien écouté l'histoire de son grand-père. Il réfléchit. Il regarde longuement son grand-père dans les yeux puis il lui demande : "Dis, grand-père, lequel des deux loups gagne ?" Le vieil Indien répond simplement : "Celui que je nourris." »

S'assurer de la bonne compréhension de l'histoire en posant des questions. Demander aux enfants s'ils ont envie de mimer ces deux loups. Puis demander quel loup ils ont envie de nourrir. Il rappelle que ce n'est pas toujours facile de nourrir le bon loup, comme le dit le grand-père, mais que tous ceux qui les entourent peuvent les y aider : leurs camarades, leurs professeurs et bien sûr leurs parents et leur famille. « Et comment nourrir notre bon loup ? » En étant gentil avec les autres, en aidant ses camarades, en jouant avec eux, en prêtant ses jouets, etc.

C | Le soleil de la gentillesse

MS-GS, durée variable, étalée dans le temps, du papier jaune ou un feutre jaune pour réaliser un grand soleil avec de nombreux rayons.

Ce rituel consiste d'abord à identifier les actes de gentillesse réalisés en classe, dans la cour de récréation ou à la cantine, pendant la journée. Cela peut être une grande ou une petite chose, mais il faut que l'acte profite à quelqu'un : rendre un service à son voisin, aider un camarade à faire une activité, sourire, tenir la porte… il y a de nombreuses possibilités !

Exemple en MS-GS : cuisiner des sablés et les offrir aux copains, à son maitre ou sa maitresse, à l'Atsem, etc.

Exemple en PS-MS : identifier des actes de gentillesse et les colorier, ici jouer ensemble pendant la récréation.

Déroulement

Organiser un remue-méninge pour répondre à cette question :

« Comment être gentils les uns avec les autres ? »

Chacun est invité à partager des idées d'actes de gentillesse réalisés ou à réaliser les uns pour les autres : aider un camarade à mettre son manteau, à faire ses lacets, ranger le matériel, tenir la porte, partager son gouter, prêter un jouet, expliquer comment faire un travail, etc. Une fois plusieurs exemples recensés, vous pouvez écrire sur les rayons d'un grand soleil ces actes de gentillesse partagés, qui sont autant d'invitations au passage à l'action. Pour accompagner les mots, les élèves peuvent progressivement dessiner ces actes de gentillesse, coller des photos, des images, etc.

Inviter ensuite régulièrement les élèves à coller une gommette sur le bon rayon à chaque fois que l'acte de gentillesse a été accompli (par eux-mêmes ou par un de leurs camarades), des smileys, à écrire leur nom, etc. On peut les encourager à exprimer ce qu'ils ont ressenti en accomplissant cet acte de gentillesse ou en bénéficiant d'un acte de gentillesse.

Progressivement, le soleil de la gentillesse va s'enrichir et briller de mille feux.

Il sera important d'observer son évolution pour en parler, savourer, exprimer ses ressentis et réchauffer les cœurs. Il sera important aussi de s'y retrouver régulièrement pour chanter, danser, exprimer ses ressentis, etc., et réchauffer les cœurs.

Un exemple de soleil de la gentillesse.

Variante

Les élèves peuvent choisir un acte de gentillesse à faire chaque jour ou sur une période de temps déterminée. Une manière intéressante de développer une de ses forces : l'utiliser chaque jour d'une manière différente[6].

D | La coccinelle de la gentillesse

5-10 minutes, une peluche de coccinelle (ou autre petite peluche qui tient dans la main), enfants assis en cercle.

Les enfants sont assis en cercle. Présenter la coccinelle (ou tout autre animal choisi). Expliquer qu'elle porte bonheur et qu'elle apporte des bonnes nouvelles. Inviter les élèves à offrir la coccinelle à un camarade en lui disant une gentillesse ou en lui offrant un compliment, comme : « Tu as été gentil avec moi en récréation ou j'ai aimé faire ce jeu avec toi en classe… »

Si cela s'avère difficile, inviter les élèves qui le souhaitent à simplement caresser la coccinelle et à la donner avec gentillesse à un camarade.

La coccinelle de la gentillesse.

6. Exercice adapté du *Cahier d'exercices pour oser la gentillesse*, d'Arnaud Soutif, Esf éditeur, 2012.

E | Les détectives de la gentillesse

Durée variable, étalée dans le temps, un gobelet, une boite ou un petit seau pour chaque enfant avec son prénom ou sa photo collée dessus.

Pendant une période donnée (une journée, une semaine, un mois), chaque enfant dispose d'une boite qu'il peut décorer en fonction de ce que la gentillesse lui inspire : un dessin, une couleur, une photo, etc.

Les enfants peuvent remplir cette boite à chaque acte de gentillesse effectué, avec une gommette, une bille, un papier avec écrit dessus l'expression de la gentillesse en question (sous forme de dictée à l'adulte pour les plus grands). La boite peut être remplie par son propriétaire, par les autres élèves témoins d'actes de gentillesse effectués par ce dernier ou par les adultes référents de la classe.

À la fin de la période, chacun découvre son contenu et observe le nombre d'actes de gentillesse effectués. On peut inviter les élèves qui le souhaitent à exprimer leurs ressentis, à partager un de leurs actes de gentillesse, un de ceux observés chez leur camarade, etc.

On célèbre ces actes de gentillesse en s'applaudissant, en chantant (voir chanson de la gentillesse p. 151), en savourant cette fierté et cette joie qui s'en dégage.

Prolongement : la mission de la gentillesse

Inviter les enfants à identifier des gestes de gentillesse à réaliser en dehors de l'école, en associant les parents via un message dans le cahier de liaison, par exemple, expliquant les tenants et les aboutissants de cette mission.

> **Exemples :** Tenir la porte ouverte à quelqu'un, aider un parent ou un voisin à porter les courses, aller chercher le courrier dans la boite aux lettres, mettre ou débarrasser la table, offrir une fleur à quelqu'un, ranger sa chambre ou ses jouets, apporter un verre d'eau ou un fruit à quelqu'un, arroser les plantes, mettre les vêtements sales dans le panier à linge, jeter ses déchets dans une poubelle, faire son lit, etc.

F | Le bienveilleur

MS-GS, durée variable, étalée dans le temps, étiquettes des prénoms ou photos des élèves.

Chaque élève écrit son nom sur un morceau de papier et le plie en quatre avant de le disposer dans un bocal. Pour les plus jeunes, chacun est invité à coller sa photo dessus. Chaque élève pioche le prénom ou la photo d'un autre élève de la classe et garde le secret de son identité. Sa mission est de devenir son bienveilleur, son ange gardien le temps d'une journée. Il doit veiller à son bienêtre et à son bonheur. Comment ? En se montrant gentil avec lui, en lui faisant éventuellement des petits cadeaux, en l'aidant, etc.

Chacun a son bienveilleur. Son identité peut ou non être tenue secrète. À la fin de la journée, chacun est invité à dire s'il a reconnu l'identité de son bienveilleur et ce qu'il a pensé de cette expérience. Pour aider les plus jeunes à exprimer leurs ressentis, proposer des mots-clés tels que : joie, bonheur, fierté, surprise, reconnaissance, etc.

G I Le jeu du lien

En grand groupe ou en équipe avec un adulte, le plateau de jeu.

Pour conclure ce chapitre et accompagner les rituels qui le composent, vous pouvez utiliser cet outil du jeu du lien à imprimer à partir des ressources numériques. En grand groupe ou en équipe avec l'aide d'un adulte, ce jeu se joue comme un jeu de plateau.

En groupe classe, un élève lance le dé et ceux qui le souhaitent répondent à la question posée.

En équipe, chacun lance le dé et répond à la question posée. Limiter à un tour pour maintenir le niveau d'attention et d'écoute.

C'est un outil pour créer du lien, apprendre à se connaitre, découvrir les autres et développer ses capacités d'écoute et d'empathie.

LE JEU DU LIEN

Un jeu pour créer du lien et apprendre à se connaitre !

Rituels pour terminer la journée

Les rituels de fin de journée sont des rituels de transition, de passage entre la vie à l'école et la vie à la maison. L'enfant va quitter son habit d'élève.

Ils interviennent globalement en miroir de ceux du matin. Ils permettent de prendre à nouveau la température émotionnelle du groupe, d'organiser une rétroaction et un retour d'expériences sur les activités proposées pendant la journée, de fixer les apprentissages dans la mémoire et de terminer la journée sur une note positive et enthousiasmante.

Objectifs

- Rythmer la journée.
- Opérer la transition entre l'école et la maison.
- Réorienter l'attention sur les expériences agréables de la journée.
- Organiser une rétroaction constructive et efficace.
- Engager les élèves dans leurs apprentissages.

La chanson qui suit permet d'opérer la transition entre l'école et la maison, de rythmer la journée et de mettre en lumière les sources de satisfaction individuelles et collectives qu'elle a pu occasionner.

20 Chanson pour marquer la fin de la journée

Sur l'air de : « Cadet Rousselle »

C'est maintenant la fin de la journée
Nous avons tous bien travaillé
Bientôt on va se séparer
Avant de tous nous retrouver
Ah ! Ah ! Ah oui merci
Pour cette journée déjà finie

C'est déjà la fin de la journée
Nous avons tous bien travaillé
Bientôt on va se séparer
Avant de tous nous retrouver
Ah ! Ah ! Ah oui merci
Pour tout c'que nous avons appris

C'est vraiment la fin de la journée
Il est temps de nous raconter
Ces p'tits moments qu'on a aimés
Et puis ce qu'on a partagé
Ah ! Ah ! Ah oui merci
À toi et à chacun de nous

SCHOLAVIE

1 | Retour sur les rituels du matin

Il est important d'organiser un retour et un partage d'expériences avec les élèves sur les défis et certains des rituels proposés pour commencer la journée (chapitre 1). Cela permet aussi de structurer la journée, de rassurer, de donner du sens aux apprentissages et d'engager pleinement les élèves en apportant une rétroaction et un retour sur leurs expériences.

A | Retour sur les rituels autour des émotions

Objectifs
- Accueillir ses émotions et les exprimer.
- Réaliser et expérimenter le caractère furtif des émotions.

Il peut être intéressant de refaire régulièrement, en fin de journée, les rituels de la météo des émotions (chapitre 1, p. 71) ou de la météo intérieure (chapitre 3, p. 117) ou encore du thermomètre des émotions (chapitre 1, p. 71). Cela permet de vérifier l'évolution de la température émotionnelle de la classe et de constater que les émotions changent, comme la météo. Plus cela est ritualisé, plus l'enfant comprendra, par exemple, que son état émotionnel désagréable n'est pas permanent et qu'à la tristesse ressentie le matin peuvent succéder d'autres émotions, agréables notamment.

Vous pouvez concevoir un grand trombinoscope ou imagier avec toutes les photos des enfants et leur demander de venir coller à côté de leur photo (ou de dire) leur émotion et humeur du moment, en utilisant des mots, des smileys, des couleurs, des peluches, des crayons... en fonction aussi ce qui a été choisi le matin.

B | Retour sur les défis

5-10 minutes, des étiquettes de deux couleurs différentes.

Les élèves ont-ils réussi à surmonter les défis autour des forces, le défi du trésor, le défi du copain du jour, etc. ? (Voir chapitre 1.)

Vous pouvez formaliser et ritualiser ces retours en sortant un micro, en mettant une petite musique d'introduction, en passant un bâton de parole, etc.

Vous pouvez aussi préparer deux types d'étiquettes, des bleues et des vertes par exemple. Les enfants satisfaits, qui estiment avoir relevé le défi du jour peuvent prendre une étiquette verte. Ceux qui ne sont pas vraiment satisfaits prennent une étiquette bleue (bien normaliser et accueillir cela : on ne peut réussir à tous les coups).

Les élèves peuvent simplement garder l'étiquette en main, la coller sur un semainier commun qui permet de mesurer les variations chaque jour de la semaine (comptage à effectuer et courbe de progression à observer), sur un cahier, etc.

D'un coup d'œil, cela permet d'évaluer le succès ou non du défi du jcur : il y a plus de vert que de bleu (succès), ou plus de bleu que de vert (défi non relevé) ou autant de vert que de bleu (succès relatif). En fonction du résultat, il est important de célébrer la réussite ou de s'encourager à mieux faire (et si oui comment), voire à reconduire le défi le lendemain. On peut s'aider en chantant, la chanson sur la persévérance notamment (chapitre 2, p. 91).

C | Retour sur les rituels autour des forces

La fin de la journée est également un moment propice pour organiser cu faire un retour sur les rituels autour des forces proposés dans les chapitres 1 et 2 :

- Le(s) héros du jour (voir p. 81).
- La remise des médailles (voir p. 89).
- Les chansons des forces (voir p. 80, p. 91, p. 92).
- Le coloriage des forces utilisées dans la journée sur le carnet des superpouvoirs (voir p. 88).
- L'utilisation de l'outil « Autour des forces » (voir p. 79) pour jouer au détective et au cadeau des forces (voir p. 90).
- Le mur des forces, les fleurs des forces à compléter (voir p. 87-88).
- La fête des forces (voir p. 88).

La fin de la journée est un moment propice à la célébration des forces. Ce rituel peut être adapté aux réussites, aux gentillesses des uns et des autres qu'on peut aussi célébrer en fin de journée, pour la terminer sur une tonalité positive et festive.

Autant de rituels et de fêtes qui renforceront ce sentiment d'appartenance et d'affiliation, si essentiel au bienêtre des enfants.

Le fait de partager à nouveau les forces identifiées et utilisées pendant la journée et d'organiser un temps dédié, officiel et solennel pour les célébrer permet de démultiplier les bienfaits de cet apprentissage et de les ancrer dans la mémoire. C'est aussi une occasion de passer un bon moment, en veillant toutefois à ce que chacun se sente soutenu et reconnu dans ce qu'il est, à travers le prisme de ses forces.

Cela peut prendre la forme d'échanges et de partages simples, de chansons, d'observations du mur des forces, des carnets des superpouvoirs, de photos d'enfants en train d'utiliser une force, etc.

On pourrait imaginer prendre ce temps à chaque fin de période, pour la clôturer sur une note positive et bienveillante.

D | Retour sur l'activité des petits cailloux et de ses variantes

Combien de graines/billes/cailloux sont passés d'une poche ou d'un bocal à l'autre ? (Voir p. 77.) On organise le comptage et on observe les réactions et les partages. C'est beaucoup ? pas beaucoup ? Qui a mis une graine et souhaite en parler ?

Exemple : « Moi, j'ai mis une bille, car j'ai bien joué pendant la récré. »

2 | Rituels de gratitude

Objectifs

- Développer la force de la gratitude.
- Terminer la journée sur une note positive en réorientant l'attention sur les expériences positives et agréables de la journée.

Là encore, la fin de la journée est un moment propice aux rituels de gratitude, afin de la terminer sur une note positive. Prendre le temps de se focaliser sur les évènements positifs de la journée contribue à créer confiance et optimisme.

On peut les introduire en chanson (chanson de la gratitude), avant de proposer le rituel des trois bonnes choses.

18 Chanson de la gratitude

Sur l'air de : « Frère Jacques »

Merci à toi, merci à moi,
Pour ceci, pour cela
Mon cœur est en joie
Je suis avec toi
Merci la vie, qui nous sourit

SCHOLAVIE

A | Trois bonnes choses

Tous niveaux (à simplifier pour les plus jeunes), 5-15 minutes, des ronds pour exprimer les soleils, des fleurs prédécoupées ou des gommettes.

Inviter chacun des enfants à identifier jusqu'à trois choses qui se sont bien passées ou trois expériences agréables de la journée : une activité réussie, un mot doux d'un camarade, un merci, un sourire, un jeu en récréation, etc.

Cela peut prendre la forme d'un simple échange, d'un temps pour compléter et ouvrir la boite de la gratitude, le journal de gratitude indivuel ou collectif (chapitre 4, p. 147).

Il est possible aussi d'exprimer ces gratitudes par des soleils ou des fleurs à placer sur le mur de la gratitude dans la classe (chapitre 4, p. 146).

B | Le trésor du jour

Objectifs
- Développer la force de l'amour de l'apprentissage et de la curiosité.
- Orienter l'attention des élèves sur les aspects positifs de leur journée.

Durée 5-15 minutes.

Ce rituel, très lié à ceux de la gratitude, a pour objectif de se souvenir des bonnes choses et de partager les bons souvenirs. C'est ce qu'on appelle la « réminiscence positive » en psychologie positive. C'est une manière d'engager pleinement ses souvenirs, qui constituent une grande source d'énergie émotionnelle positive. Se souvenir de moments heureux et les partager nous permet de démultiplier leurs effets agréables et de cultiver l'optimisme. En effet, quand on se remémore un souvenir heureux, le cerveau active le « circuit de la récompense » et reproduit la même émotion agréable que celle vécue sur le moment. Avec un effet aussi positif sur l'entourage. Il y a même des études qui démontrent que la réminiscence positive peut aider à maintenir un sens de l'identité pendant que l'enfant grandit et murit[1].

Pour aider les enfants qui sont dans le moment présent à se souvenir de ces moments heureux, vous pouvez retracer le fil de la journée en leur montrant un reportage photo fait pendant leur journée ou la semaine, en revisitant le journal de la semaine, en nommant les activités réalisées, en montrant des productions, etc.

1. Lyubomirsky S., *The How of Happiness: A Scientific Approach to Getting the Life You Want*, Penguin Press, 2008.

Pour introduire ce rituel très simple et nourrir cette force de l'amour de l'apprentissage, on peut apprendre aux élèves cette comptine, sur l'air de Frère Jacques.

21 Chanson sur la joie d'apprendre

Sur l'air de : « Frère Jacques »

Apprendre encore
Apprendre toujours
À l'école, en dehors
Les petits, les grands
Apprennent tout le temps
Quelle joie d'apprendre
Et de grandir !

SCHOLAViE

Demander aux élèves de réfléchir à ce qu'ils ont aimé faire ou apprendre aujourd'hui. Le propos et l'attention sont ici orientés sur l'apprentissage. Les partages peuvent être recensés dans le journal de gratitude de la classe (chapitre 4, p. 147).

Exemples : « J'ai aimé apprendre à écrire la lettre T, j'ai aimé faire la sieste, j'ai aimé quand on a chanté la comptine, j'ai aimé découvrir un nouveau son, j'ai aimé la peinture, etc. »

3 | Rituels pour résumer la journée

A | « J'appelle »

L'enseignant invite à se lever, à taper des mains ou à lever une main... :

- les enfants qui ont passé une bonne journée ;
- les enfants qui n'ont pas passé une bonne journée (et creuser la réflexion pour comprendre pourquoi, s'il le faut en aparté) ;
- les enfants qui ont découvert quelque chose ;
- les enfants qui sont fatigués ;
- les enfants qui ont envie d'être demain ;
- les enfants qui se sentent calmes ;
- les enfants excités ;
- les enfants qui ont une question (et répondre aux questions), etc.

B | La cocotte pour raconter sa journée

GS, 5-15 minutes, une cocotte en papier, fabriquée en amont par l'enseignant.

La cocotte pour raconter sa journée est un outil collectif et ludique qui permet d'organiser un retour d'expériences sur la journée. Elle se joue de la même manière que la cocotte de l'attention (chapitre 3). Vous pouvez imprimer celle proposée dans les ressources numériques ou concevoir une cocotte propre à votre classe (pour sa fabrication, voir p. 123).

Vous pouvez aussi organiser un atelier pour fabriquer des cocottes individuelles que les enfants peuvent rapporter à la maison afin de raconter autrement leur journée à leurs parents.

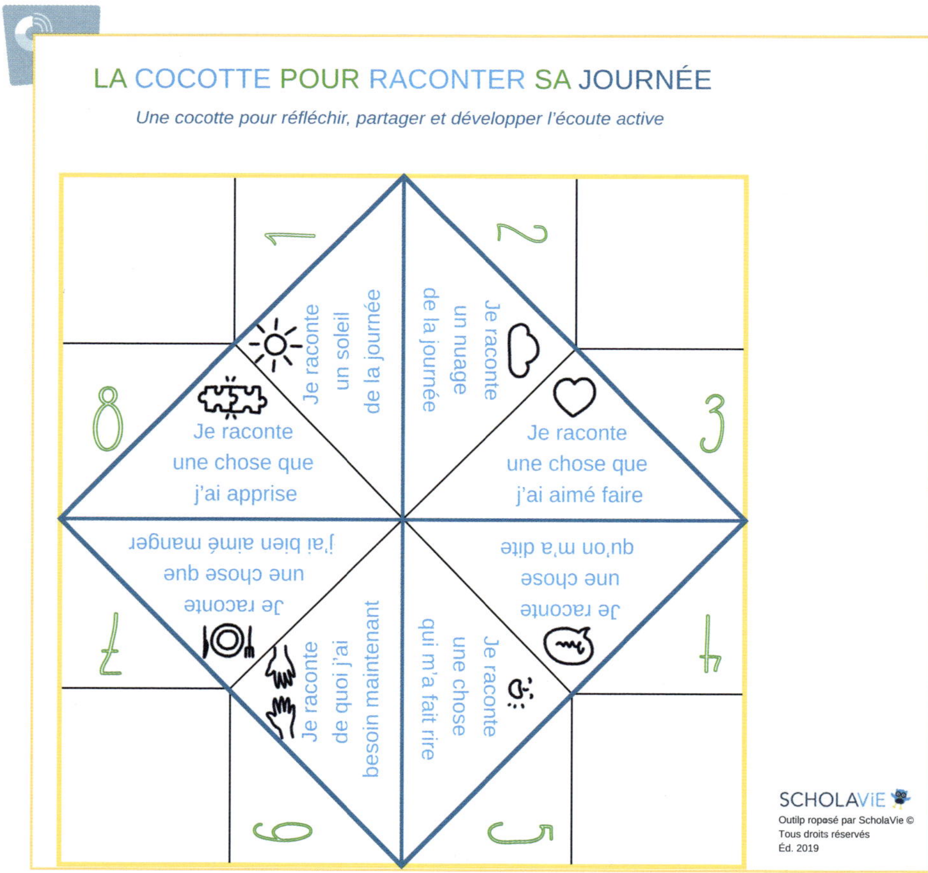

Un exemple de cocotte pour raconter sa journée est proposé dans les ressources numériques.

Variante

• Le cube pour raconter sa journée

Pour relier ce travail à celui des émotions, vous pouvez fabriquer un cube des émotions avec sur chacune des six faces une phrase assortie à la météo des émotions et au visage des émotions.

Exemples : Ce qui m'a rendu triste aujourd'hui / Ce que je n'ai pas aimé aujourd'hui / Ce qui m'a fait rire aujourd'hui / Ce que j'ai aimé aujourd'hui / Ce qui m'a fait peur aujourd'hui / Ce qui m'a mis en colère aujourd'hui.

Un cube réalisé en classe de PS-MS-GS.

5 I Rituels pour se dire au revoir

A I La ronde des au revoir

5-15 minutes, enfants en cercle.

De la même manière qu'on organise des rondes ou des danses pour se dire bonjour (chapitre 1), on peut inviter les élèves à inventer des chorégraphies pour se dire au revoir.

En cercle, chacun effectue en même temps le même geste ou une série de 2 ou 3 gestes simples. Ce mouvement ou ensemble de mouvements peut être le même pendant une journée, une semaine, un mois, une période scolaire… Il peut être proposé par l'enseignant mais aussi par un enfant.

Exemple : signe de tête, mains jointes, dos courbé.

Variantes

- Le mouvement (ou la série de mouvements) peut être effectué par les enfants, chacun à leur tour.
- On peut assortir un mot à un ou plusieurs gestes. Exemple : au revoir et mains jointes.
- En cercle, chacun dit son nom et peut être invité à saluer d'une certaine manière ou sous une forme libre.
- En GS, regrouper les enfants par groupes de 3 ou 4. Demander à chaque groupe d'inventer une chorégraphie, composée des 3 ou 4 gestes proposés par chacun des enfants membres de ce groupe. Chaque groupe montre sa chorégraphie aux autres groupes qui peuvent être appelés à la reproduire.

B I Au revoir en chanson

On peut se dire au revoir avec cette chanson qui aidera les enfants à se projeter et à se situer dans le temps. C'est demain mardi, ou mercredi, etc.

22 Chanson d'au revoir

Sur l'air de : « C'est demain dimanche »

C'est demain... mardi
Le jour du sourire
De la gentillesse
Et puis du partage
On aime vivre ensemble
Rire et travailler
Oh ! La belle journée !

SCHOLAVIE

Les mots de la fin sous forme d'abécédaire

Un abécédaire comme ça sans en avoir l'air
Pour finir cet ouvrage avant de me taire.
J'y ai mis tout mon cœur et toute mon énergie
Pour explorer certaines des compétences de vie.
26 lettres pour clôturer ce p'tit ouvrage
Un outil à utiliser à tout âge
Avec notamment les petits de 3-6 ans
Pour vous qui rendez leur vie chaque jour plus belle !

Abécédaire

Agréables, comme toutes ces émotions et expériences
sur lesquelles réorienter notre attention pour plus de
Bienêtre au quotidien.
Choisir de mettre en place des interventions positives pour favoriser le
Développement optimal de chacun et du groupe.
Encourager et valoriser les efforts, les progrès et les forces.
Fêter les réussites individuelles et collectives.
Gérer ses émotions et
Habiter pleinement et sereinement son corps.
Inscrire à son emploi du temps des moments de pause, des moments de
Joie, cette émotion contagieuse, un
Kif qui se partage avec le plus grand nombre.
Lutter contre les inégalités en développant les CSE de tous et en
Mobilisant les membres d'une communauté éducative en grand
Nombre et
Œuvrer ensemble pour une école plus heureuse et sereine.
Parce que vous êtes des pépites
Qui font briller l'école, nous sommes plusieurs à vouloir vous

Remercier et vous
Souhaiter d'être heureux dans votre quotidien.
Toutefois, n'oublions pas que nous sommes apprenants à vie et qu'il est toujours
Utile de continuer de grandir dans sa posture et de
Vouloir soi-même progresser pour que
Wahou nos élèves et enfants s'épanouissent. C'est la
Xième fois qu'on le répète, des enseignants formés sont des enseignants efficaces et heureux alors
Y'a plus qu'à continuer d'apprendre les uns des autres, les uns avec les autres.
Zou en avant, l'école est en marche, ensemble on est plus forts et on va plus loin !

Et encore quelques mots…

Enfin je joue avec la consigne pour exprimer, avec un grand G et un grand M, ma Gratitude et des Milliers de Mercis à ceux qui ont rendu possible cette aventure :

- Les éditions Retz pour leur confiance et tout particulièrement Élodie.
- Catherine Gueguen pour son immense travail qui fait bouger les lignes, pour sa confiance et pour sa préface.
- Les membres de ma famille, qui ont bien voulu que je m'échappe à trois reprises pour me retrouver dans ma bulle d'écriture et qui m'ont toujours soutenue.
- Vous tous, professeurs des écoles et autres professionnels de l'éducation, qui êtes des pépites, des créatifs, des sources inépuisables d'inspiration.
- Merci à Isabelle pour son retour constructif. Un merci tout particulier à Irma, professeur des écoles à La Réunion, membre de notre conseil scientifique et pédagogique, qui a relu cet ouvrage et m'a fait des retours écrits et en photos constructifs. Merci à Lionel et son équipe de l'Autre école. Merci à Anne, à Joëlle et à Virginie pour leurs témoignages. Un merci tout particulier à Julie qui a été si généreuse dans ses partages.
- Merci à ma chère filleule Juliette et à son amoureux Cyril Taieb qui ont respectivement chanté et mis en musique les comptines figurant dans ce livre.
- Merci enfin à Vanessa, ma coéquipière au sein de ScholaVie qui m'a soutenue dans ce projet et avec qui nous déployons toute notre énergie au quotidien pour œuvrer pour le bienêtre, la santé et la réussite de tous.
- Merci à toutes celles et ceux qui gravitent de près ou de loin autour de cette formidable aventure qu'est ScholaVie.
- Merci à ceux que je n'ai pas cités mais qui ne sont pas oubliés.

Bonne route à vous tous !

Pour aller plus loin

Documents de référence[1]

- Les compétences psychosociales, l'essentiel à savoir – Santé Publique France, 2023 : https://www.santepubliquefrance.fr/maladies-et-traumatismes/sante-mentale/depression-et-anxiete/documents/brochure/les-competences-psychosociales-l-essentiel-a-savoir
- Les compétences psychosociales, référentiel pour un déploiement auprès des enfants et des jeunes - Santé Publique France, 2022 :

https://www.santepubliquefrance.fr/docs/les-competences-psychosociales-un-referentiel-pour-un-deploiement-aupres-des-enfants-et-des-jeunes.-synthese-de-l-etat-des-connaissances-scientif
- Instruction relative à la stratégie nationale multisectorielle de développement des compétences psychosociales chez les enfants et les jeunes – 2022-2037, Instruction interministérielle du 19 aout 2022 : https://sante.gouv.fr/fichiers/bo/2022/2022.18.sante.pdf
- La page éduscol sur les CPS :

https://eduscol.education.fr/3901/developper-les-competences-psychosociales-chez-les-eleves
- Le socle commun de connaissances, de compétences et de culture – Décret n° 2015-372 du 31 mars 2015 : https://www.education.gouv.fr/le-socle-commun-de-connaissances-de-competences-et-de-culture-12512
- Vademecum L'école promotrice de santé, ministère de l'Éducation nationale, 2020 : https://eduscol.education.fr/document/1689/download
- Mise en œuvre du parcours éducatif de santé : Éduscol, juin 2017 : https://eduscol.education.fr/document/1975/download
- Grenelle de l'éducation, ministère de l'Éducation nationale, 2021 : https://www.education.gouv.fr/grenelle-de-l-education-syntheses-des-ateliers-309067
- World Health Organization. (2003). Skills for health: Skills-based health education including life skills: An important component of a child-friendly/health-promoting school. World Health Organization. : https://healtheducationresources.unesco.org/sites/default/files/resources/HIV%20AIDS%20201.pdfL
- Charte d'Ottawa pour la promotion de la santé. Organisation mondiale de la santé – Bureau régional de l'Europe, 1986 : https://www.canada.ca/content/dam/phac-aspc/documents/services/health-promotion/population-health/ottawa-charter-health-promotion-international-conference-on-health-promotion/chartre.pdf
- Life skills education in school, OMS, 1993 :

http://apps.who.int/iris/bitstream/10665/63552/1/WHO_MNH_PSF_93.7A_Rev.2.pdf

1. De nouveaux documents de référence issus des travaux de Santé publique France et de la Dgesco, plus opérationnels et pratiques, devraient voir le jour au cours de l'année 2025.

Ouvrages

DWECK C. S., *Changer d'état d'esprit : une nouvelle psychologie de la réussite*, vol. 5, Mardaga, 2010.

FILLIOZAT I., LIMOUSIN V. ET VEILLÉ É., *Mes émotions*, Nathan, coll. « Les cahiers Filliozat », 2016.

GOLEMAN D., *L'Intelligence émotionnelle*, J'ai lu, 2014.

GUEGUEN C., *Heureux d'apprendre à l'école. Comment les neurosciences affectives et sociales peuvent changer l'éducation*, Les Arènes, 2018.

GUEGUEN C., *Pour une enfance heureuse. Repenser l'éducation à la lumière des dernières découvertes sur le cerveau*, Robert Laffont, 2014.

JENNINGS P., *L'École en pleine conscience*, Les Arènes, 2019.

LAMBOY B., *Les Compétences psychosociales*, PUG/UGA, 2021.

LAMBOY B., SHANKLAND R., WILLIAMSON M. O., GUEGUEN C., *Les Compétences psychosociales. Manuel de développement*, De Boeck Supérieur, 2021.

MARSOLLIER C., *Investir la relation pédagogique. Repères pour l'éthique de l'enseignement*, Chronique sociale, 2012.

REYNAUD L., *Développer les compétences psychosociales au cycle 2 et 3*, Retz, 2023.

ROBINSON K., *Changez l'école ! La révolution qui va transformer l'éducation*, Playbac, 2017.

SHANKLAND R., *Les Pouvoirs de la gratitude*, Odile Jacob, 2016.

TARPINIAN A., *École : changer de cap. Contributions à une éducation humanisante*, Chronique sociale, 2007.

ZANNA O. ET JARRY B., *Cultiver l'empathie à l'école*, Dunod, 2018.

Articles, rapports, chroniques

BRESSOUD N., SAMSON A. C. ET GAY P., « Rire, c'est bon pour la santé… et aussi pour apprendre. Vers une utilisation effective des émotions agréables en contexte scolaire », *L'Éducateur*, 2020, p. 26-27.

CIPRIANO C., STRAMBLER M. J., NAPLES L. H., HA C., KIRK M., WOOD, M., … ET DURLAK J., « The state of evidence for social and emotional learning: A contemporary meta analysis of universal school based SEL interventions », *Child Development*, 94(5), p. 1181-1204, sept-oct. 2023, https://osf.io/mk35u/

DURLAK J. A., WEISSBERG R. P., DYMNICKI A. B., TAYLOR R. D., ET SCHELLINGER, K. B., « The impact of enhancing students' social and emotional learning: A meta-analysis of school- based universal interventions », *Child Development*, 82(1), p. 405-432, janv-fev. 2011, https://doi.org/10.1111/j.1467-8624.2010.0156

HAAG P. ET COGNARD L., « Les émotions. Mieux les connaitre pour mieux les prendre en compte à l'école et dans la vie », LabSchool Paris, 2020.

LAMBOY B., ET GUILLEMONT J., « Développer les compétences psychosociales des enfants et des parents : pourquoi et comment ? », *Devenir* (Vol. 26), p. 307-325, 2014.

LUIS É. ET LAMBOY B., « Les compétences psychosociales : définition et état des connaissances », in « Développer les compétences psychosociales chez les enfants et les jeunes », *La Santé en action*, n° 431, mars 2015, p. 12-16.

SHANKLAND R., BRESSOUD N., TESSIER D. ET GAY P., « La bienveillance : une compétence socio-émotionnelle de l'enseignant au service du bien-être et des apprentissages ? », *Questions vives. Recherches en éducation*, n° 29, 2018.

SHANKLAND R., BENNY M. ET BRESSOUD N., « Promotion de la santé mentale : les apports de la recherche en psychologie positive », *La Santé en action*, n° 439, 2017, p. 17-19.

Shankland R., Bressoud, N. et Gay P., « Pratiquer la gratitude en classe : pourquoi et comment ? », *Résonances*, 4, 2016, p. 7-9.

Shankland R. et Lamboy B., « Utilité des modèles théoriques pour la conception et l'évaluation de programmes en prévention et promotion de la santé », *Pratiques psychologiques*, 17 (2), 2011, p. 153-172.

Weissberg R. P., Durlak J. A., Domitrovich C. E., et Gullotta T. P., « Social and emotional learning: Past, present, and future », *Handbook of social and emotional learning: Research and practice* (p. 3-19). The Guilford Press, 2015.

Vidéographie

• Tableaux animés et autres

• Interview de Jacques FORTIN (version courte, 2015), IREPS Pays de la Loire : https://vimeo.com/148983747

• Que sont les compétences psychosociales, avec Christophe Marsollier, Cano Tech : https://www.canotech.fr/a/31093/que-sont-les-competences-psychosociales

• Sitographie

• Comment renforcer l'attention des élèves ? (Synlab) : https://www.youtube.com/watch?v=gjpH7vlb7E8

• Conférence de Ken Robinson sur le changement de paradigme du système d'éducation : https://www.youtube.com/watch?v=qZnqDTFsMFs

• La coopération en classe (Synlab) : https://www.youtube.com/watch?v=_K5YasImEog

• « Psychologie positive : changer d'état d'esprit », de Carol Dweck : https://www.youtube.com/watch?v=YWO8oEC3DjI

• Conférences TED Talk

→ Sur l'intelligence émotionnelle

Moïra Mikolajczak, « Améliorer son intelligence émotionnelle, pourquoi pas à l'école ? » : https://www.youtube.com/watch?v=KK_lOuhAfso

→ Sur l'état d'esprit

Carol Dweck, « The power of believing that you can improve » : https://www.ted.com/talks/carol_dweck_the_power_of_believing_that_you_can_improve?language=fr

Sites ressources

- Le site de référence officiel sur les CPS - Site ressource national sur les compétences psychosociales : https://www.sirena-cps.fr/
- Site de l'association ScholaVie (ressources, outils et plateforme de formation gratuite) : www.scholavie.fr
- Site Eduscol : https://eduscol.education.fr/3901/developper-les-competences-psychosociales-chez-les-eleves
- Réseau Canopé : https://www.reseau-canope.fr/developpement-professionnel-des-enseignants/des-ressources-pour-le-formateur/les-competences-psychosociales.html
- Instances régionales d'éducation et de promotion de la santé (IREPS) : http://inpes.santepubliquefrance.fr/espace-reseau/ireps.asp
comme celui des Pays de la Loire : http://www.irepspdl.org/page-0-0-0.html
- Le cartable des compétences psychosociales : http://www.cartablecps.org/page-0-0-0.html
- « Covid'Ailes », mallettes pédagogiques des CPS, clés en main, de l'association Essensi'ailes et de ses partenaires, dont ScholaVie : https://covidailes.fr
- CRIPS Île-de-France : http://www.lecrips-idf.net/professionnels/dossier-thematique/dossier-CPS/
- « Développer les compétences psychosociales chez les enfants et les jeunes », La Santé en action, INPES, mars 2015 : http://www.cartablecps.org/_docs/Fichier/2015/2-150625114114.pdf
- « École, changer de cap », un site collaboratif avec des réflexions, articles, rapports, colloques pour une réussite scolaire et humaine : www.ecolechangerdecap.net
- « En Santé à l'École », ressources pour les enseignants : http://ensantealecole.org/page-0-0-0.html
- Le portail du climat scolaire du réseau Canopé : http://www.reseau-canope.fr/climatscolaire/accueil.html
- Promosanté : https://www.promosante-idf.fr/sites-ressources-programmes-cps
- Université de paix : http://www.universitedepaix.org/pdf/jeuxdecooperation.pdf

Notes

Notes

Présentation des ressources numériques

Retrouvez les ressources en ligne sur mes-ressources-pedagogiques.editions-retz.com (voir page 2 de couverture).
Vous y trouverez les outils pour mettre en œuvre les rituels, ainsi que 17 comptines audio.

Cliquer sur l'onglet souhaité pour accéder aux ressources associées.

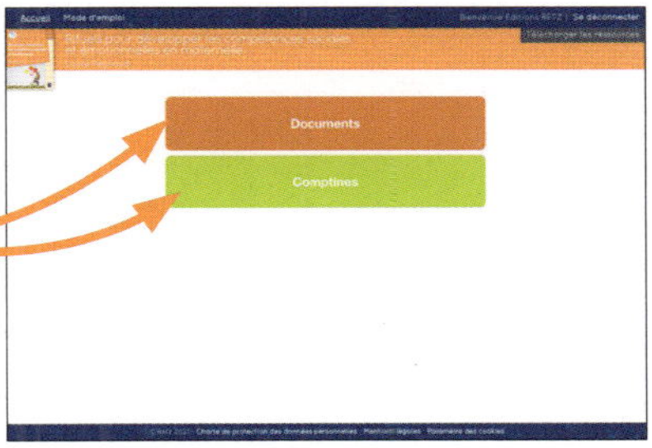

Le nom de l'onglet sélectionné s'affiche en couleur.

Cliquer sur cet onglet pour accéder directement aux comptines.

L'ensemble des ressources et outils s'affichent (dans la partie droite de l'écran, sous forme de liste ou de vignettes).

Afficher les fichiers

Cliquer sur le nom du document pour le visionner ou l'imprimer.
Le document s'affiche dans une nouvelle fenêtre.

Cliquer sur les noms des comptines pour les écouter.

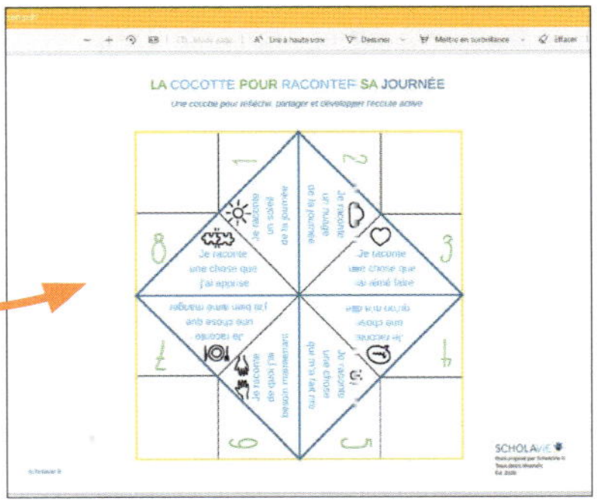

Crédits photos : p. 4 : photo libre de droit, Catherine Gueguen ; p. 66 (bas) et p. 67 : © Julie Millet ; p. 66 (haut) : DR ; p. 68 (haut) : © l'Autre école, p. 68 (deux photos en bas) : DR ; p. 69 (bas) : © l'Autre école ; p. 69 (haut) : DR ; p. 70 : © Irma Ardanuy ; p. 75 (deux photos en haut) : © Irma Ardanuy ; p. 75 (quatre photos du bas) : © Laure Reynaud ; p. 77 : © Irma Ardanuy ; p. 96 : © Irma Ardanuy ; p. 97 : © Laure Reynaud ; p. 108 : © Laure Reynaud ; p. 112 : © Julie Millet ; p.114 : © Julie Millet ; p. 116 et 117 : © Irma Ardanuy ; p. 118 : © l'Autre école ; p. 119 : Julie Millet ; p. 120 : © Irma Ardanuy ; p. 122 : © Laure Reynaud ; p. 135 : © Irma Ardanuy ; p. 148-149 : © Laure Reynaud ; p. 152 (gauche) : © l'Autre école ; p. 152 (droite) : © Laure Reynaud ; p. 164 : © Julie Millet

Direction éditoriale : Céline Lorcher
Éditrices : Élodie Chaudière – Claire Cabaret
Couverture : Nicolas Piroux – Photo : © iStock
Création de maquette : Nicolas Piroux
Mise en page et dessins : Nina Bahsoun
Relecture : Isabelle Bastide
Corrections : Bérengère de Rivoire
Comptines : Juliette Faucon (chant) et Cyril Taieb (musique et arrangements)
Les outils figurant dans cet ouvrage sont la propriété exclusive de ScholaVie.

Ce livre est imprimé sur du papier issu de forêts gérées durablement

Conçu & fabriqué en France

N° de projet : 10310294
Achevé d'imprimer en France, en juin 2025, sur les presses de l'imprimerie Chirat - N° 202505.0313
contact@editions-retz.com